A ARTE DA COMUNICAÇÃO DE IMPACTO

CARO(A) LEITOR(A),

Queremos saber sua opinião sobre nossos livros. Após a leitura, siga-nos no likedin.com/company/editora-gente, no TikTok @editoragente e no Instagram @editoragente e visite-nos no site www.editoragente.com.br. Cadastre-se e contribua com sugestões, críticas ou elogios.

SHANA WAJNTRAUB

A ARTE DA COMUNICAÇÃO DE IMPACTO

Aprenda a transmitir suas ideias com autenticidade, conquiste a atenção das pessoas e potencialize seus resultados

Diretora
Rosely Boschini

Gerente Editorial Sênior
Rosângela de Araujo Pinheiro Barbosa

Editora Júnior
Rafaella Carrilho

Assistente Editorial
Fernanda Costa

Produção Gráfica
Fábio Esteves

Organização e Pré-edição
Paulo Maccedo

Assistente de Pré-edição
Ana Cléia

Preparação
João Rodrigues

Capa, Projeto Gráfico e Diagramação
Plinio Ricca

Revisão
Algo Novo Editorial
Laura Folgueira

Ilustrações
Freepik.com

Impressão
Gráfica Rettec

Copyright © 2023 by Shana Wajntraub
Todos os direitos desta edição
são reservados à Editora Gente.
Rua Natingui, 379 – Vila Madalena
São Paulo, SP – CEP 05443-000
Telefone: (11) 3670-2500
Site: www.editoragente.com.br
E-mail: gente@editoragente.com.br

Dados Internacionais de Catalogação na Publicação (CIP)
Angélica Ilacqua CRB-8/7057

Wajntraub, Shana

A arte da comunicação de impacto : aprenda a transmitir suas ideias com autenticidade, conquiste a atenção das pessoas e potencialize seus resultados / Shana Wajntraub. - São Paulo : Editora Gente, 2023.

176 p.

ISBN 978-65-5544-346-2

1. Fala em público 2. Oratória 3. Comunicação I. Título

23-3058

CDD 808.51

Índice para catálogo sistemático:
1. Fala em público

NOTA DA PUBLISHER

Muitas pessoas enfrentam dificuldades na hora de se comunicar, seja em palestras, reuniões ou até mesmo em situações cotidianas. O medo de falar em público é uma barreira que, além de limitar a expressão e a conexão com os outros, impede o crescimento profissional e a conquista de oportunidades.

Quem nunca suou frio antes de fazer uma apresentação no trabalho? Ou se esqueceu do que devia falar em uma reunião – o famoso "deu branco"? Bom, se você se identifica com esses desafios na comunicação, saiba que não está sozinho. Depois da morte, falar em público é o maior medo da humanidade! A boa notícia, no entanto, é que é possível mudar esse cenário.

A palestrante e especialista em neurociência Shana Wajntraub vem para nos mostrar que a comunicação é sim uma habilidade treinável, como qualquer outra. A autora já capacitou mais de 800 mil pessoas em mais de vinte anos de atuação no Brasil e

A ARTE DA COMUNICAÇÃO DE IMPACTO

na América Latina e compartilha neste livro estratégias e técnicas para melhorar sua comunicação e impulsionar sua carreira. Com *A arte da comunicação de impacto*, você vai desenvolver a confiança necessária para enfrentar qualquer desafio de falar em público, seja em uma apresentação para uma grande plateia ou em uma reunião de negócios. Vire a página, destrave esse medo e alcance a liberdade de se expressar! Boa leitura!

Rosely Boschini
CEO e Publisher da Editora Gente

SUMÁRIO

PREFÁCIO..14

INTRODUÇÃO....................................18

PARTE 1

O SHOW TEM
QUE ACONTECER...................27

CAPÍTULO 1:

ABREM-SE AS
CORTINAS! 28

Medo e ansiedade...30

Timidez e introversão...33

Competição na era da internet 37

CAPÍTULO 2:

A LUZ ESTÁ EM VOCÊ.....................42

Autoconhecimento................................45
Autoaceitação 48
Planejamento e método............................53

CAPÍTULO 3:

A HORA DO IMPACTO...................................... 56

PARTE 2

A RODA DO DIAGNÓSTICO®.........................61

CAPÍTULO 4:

A INTELIGÊNCIA EMOCIONAL...........................62

Conexão e sintonia 65
Autogestão emocional........................... 74
Adaptação da comunicação............................81

CAPÍTULO 5:

O CORPO 88

Imagem 89
Sua imagem em apresentações....................93
Expressões faciais 95
Postura corporal...102

CAPÍTULO 6:

VOZ, FALA E CONTEÚDO.......110

Planejamento estratégico.............................. 111
O início do planejamento da sua
apresentação 112
Imagem e linguagem: o casamento
tem que ser perfeito......................................116
Assertividade..120
Storytelling...124
Jornada do herói 126
Arco narrativo de Dana Norris....................130
Story spine...133
Conflito *versus* solução 134
Que tipo de história contar?.......................136
Oito pecados do storytelling.......................138
Voz e expressão..140

CAPÍTULO 7:

FAÇA SUA AVALIAÇÃO 150

PARTE 3

O SHOW DEVE CONTINUAR 157

CAPÍTULO 8:

A CADA DIA, UM NOVO DESAFIO.................................158

CAPÍTULO 9:

O FUTURO É SEU 164

REFERÊNCIAS 170

Você tem, todos os dias, a chance de falar, escutar, inspirar e ocupar o seu espaço. Não a desperdice.

Shana Wajntraub

PREFÁCIO

Era março de 2020, um novo app surgiu, ele era diferente de todos, porém com um poder altíssimo de comunicação, conexão humana e originalidade possibilitando que tribos de todos os assuntos possíveis do mundo entrassem numa "sala" e batessem um papo com uma inteligência ordenada e organizada de modo a obter discussões inteligentes, sim, era a chegada do app Clubhouse. Ele era diferente de tudo, pois o principal elemento dele era a voz e a nossa capacidade comunicacional de usar ela ao máximo, em outras palavras: dar voz aos pensamentos.

Foi lá, numa sala de neurociência e comunicação que em um comentário a partir de uma discussão inteligente que estava rolando, surgiu uma voz feminina, forte, potente, com altíssimo grau de autenticidade e genuinidade, com uma capacidade de raciocínio lógico incrível e naquele exato momento, meu "sistema atencional" atingiu o grau máximo!

Era a voz da Shana Wajntraub, uma especialista em comunicação e em neurociência, uma acadêmica, e ao mesmo tempo, uma pessoa que convive com o mundo corporativo e organizacional trabalhando, o que as ciências sociais definem como a nossa "core competente"(lê-se: a principal competência), a principal competência do ser humano. Ela não só se tornou uma grande parceira de trabalho nessa sinergia entre comunicação e cérebro (neurociência), afinal, ambos somos apaixonados por isso, bem como uma grande e indescritível amiga.

A arte da comunicação de impacto trata de maneira brilhante e como deve ser tratada a comunicação, envolvendo sua totalidade, bem como um racional inteligente seguindo uma ordem que envolvem os principais elementos que navegam nos mais diversos oceanos, entre eles destaco: o oceano da emocionalidade, do autoconhecimento, da expansão da sua consciência e claro, o

A ARTE DA COMUNICAÇÃO DE IMPACTO

principal: o do impacto da sua presença, um oceano que deve ser explorado com calma, sapiência, desconstrução e reconstrução.

Já li inúmeros livros de comunicação, e posso afirmar que *A arte de comunicação de impacto* está entre os melhores. Se você busca entender melhor sua comunicação, expandir sua consciência sobre ela envolvendo seu corpo, fala, voz, gestos, pensamento, emocionalidade, planejamento estratégico e estiver disposto(a) a treinar e a colocar em prática todo o ensinamento que a Shana Wjantraub propõe desde o "abrir as cortinas" ao o "futuro é seu", este livro foi a escolha mais assertiva que você fez.

Posso afirmar que vi no livro uma coerência tão grande que nos convida a lançar um olhar para dentro com o genuíno objetivo de evoluir dia a dia em todas oportunidades que a vida nos dá para nos comunicar e claro, se formos mais assertivos e causar mais impacto, todos nós ganhamos.

Este livro me remete a uma frase que gosto muito de Carlos Drummond de Andrade: "Dizem que temos duas datas de nascimento, uma quando nascemos e a outra quando lançamos um olhar inteligente sobre nós mesmos, livres de auto-sabotagem", que tal nascermos novamente, porém agora com uma comunicação de impacto?

Flávio Maneira
Palestrante, professor e executivo
do setor da saúde há mais de dezenove anos.

INTRODUÇÃO

Estava a poucas horas de iniciar minha palestra em uma importante convenção da indústria farmacêutica. Sentada com a equipe de bastidores uma hora antes para checar os últimos detalhes, recebi a informação do pessoal da equipe técnica de que tudo estava funcionando perfeitamente. Fiquei tranquila.

Entretanto, dez minutos antes de iniciar a apresentação, já com todos os executivos e seus colaboradores presentes no evento, aconteceu algo surpreendente: o sistema, que antes estava perfeito, sofreu uma pane geral e parou de funcionar.

Senti aquele frio na barriga que antecede a chegada do nervosismo, pois através daquele sistema eu teria o retorno dos executivos com o norte do que eu deveria adaptar ao longo da palestra. A boca ficou levemente seca, as mãos começaram a suar, mas, antes que eu pudesse me entregar à ansiedade, respirei fundo e encarei a situação de modo racional.

Entendi que estava diante de uma oportunidade de usar o que tanto ensino em meus treinamentos. Então, apliquei duas das técnicas do meu repertório: 1) segurar a respiração por três segundos e soltar por sete e 2) transformar o nervosismo em entusiasmo.

Comecei a expressar frases positivas para mim mesma, direcionei o pensamento ao objetivo e repeti algumas vezes: "Eu quero estar aqui... Estou pronta... Eu sou um canal de comunicação".

Por fim, apenas quinze minutos após o início, o problema foi resolvido e eu pude continuar conduzindo a palestra com tranquilidade, a ponto de ninguém identificar qualquer traço de tensão. É isso o que acontece quando se está devidamente preparado.

Eu não nasci comunicadora – aliás, ninguém nasce. E, claro, estar despreparado não é nenhum pecado, apenas nos impede de ser quem podemos ser e de realizar o que podemos realizar.

A ARTE DA COMUNICAÇÃO DE IMPACTO

Essa verdade foi ficando cada vez mais evidente durante a minha jornada.

Desde criança, acompanho o trabalho do meu pai como fonoaudiólogo. Ainda pequena, achava o máximo a movimentação no consultório dele. Era incrível ver a satisfação estampada no rosto das pessoas ao terem seus problemas de voz e fala resolvidos, mesmo em casos bem desafiadores. Acompanhar a transformação e a felicidade das pessoas nesse processo me inspirou muito.

Já adulta, comecei a cursar Fonoaudiologia, mas não demorou para que eu decidisse mudar para Psicologia. O conhecimento da mente me atraiu, e o fato de poder trabalhar com pessoas me animou ainda mais. Achei que podia ir além, tornei-me especialista em Neurociências e fiz MBA em Gestão de Pessoas. Enquanto escrevia este livro, finalizei o mestrado em Comunicação, Análise do Comportamento e Credibilidade pela Manchester Metropolitan University no Reino Unido Unido, com base nos estudos de Paul Ekman e outros pesquisadores do meio científico. Ao longo do presente livro, falarei sobre os resultados da minha dissertação de mestrado, intitulada *Impacts of self-confidence on oral communication,* cujos objetivos foram compreender a relação entre autoconfiança e comunicação assertiva, por meio da aplicação de um questionário virtual aberto a profissionais do segmento farmacêutico, varejo, laboratórios, bens de consumo e empresários.

Os estudos me deram base científica e respaldo para atuar em diferentes tipos de comunicação. Também possibilitaram que eu criasse um método próprio fundamentado no conhecimento que obtive ao longo do tempo. Hoje já são mais de 800 mil pessoas impactadas pelos nossos treinamentos. Tenho uma meta pessoal de, a cada seis meses, fazer uma formação e participar de grupos de estudo dedicados à Neurociência. A regra é simples: não paro

INTRODUÇÃO

de estudar e ler, pois juntar teoria com prática é meu foco e minha paixão. Com isso, posso dizer que estou pronta para ensinar você a se comunicar melhor. Claro que não digo isso de maneira prepotente ou arrogante, a ideia é formar minha credibilidade e gerar conexão entre nós. Aliás, meu objetivo é que minha paixão por pessoas fique evidente aqui...

Muitas memórias me vêm à mente enquanto escrevo esta introdução, uma delas é de quando fiz um mochilão pela Europa. Na época, passei por oito países e diversas cidades, chegando a morar na Itália, na Inglaterra e na Espanha. Foram sete meses conhecendo culturas, estudando e trabalhando com pessoas diferentes. Essa experiência única me fez melhorar a escuta ativa e perceber com mais facilidade a singularidade humana. Também pude entender que meu propósito está diretamente ligado a transformar pessoas por meio da educação.

Doar o tempo, a vontade de compartilhar conhecimento, o cuidado... Tudo isso dá sentido ao meu trabalho. Minha intenção hoje é ajudar o maior número de pessoas possível, fazer com que se sintam mais seguras e preparadas para construir um futuro melhor – e isso, claro, inclui você.

O tempo todo recebo pessoas em busca de soluções que possam corrigir esse e outros desafios, como insegurança, falta de postura, mau uso da fala, storytelling e/ou falta de expressão corporal. Isso porque, na vida corporativa, expressar-se publicamente é um requisito do qual é quase impossível fugir. Seja em reuniões ou apresentações, presenciais ou on-line, o mercado de trabalho exige preparo quando se trata de comunicação.

Entretanto, ainda temos um longo percurso pela frente. Para você ter uma ideia da dimensão do desafio, na minha pesquisa do mestrado, **53%** dos participantes relataram que consideram o medo de falar em público como a principal emoção que afeta a

A ARTE DA COMUNICAÇÃO DE IMPACTO

confiança; **36,7%** apontaram a insegurança como um sentimento dominante e **10,3%** dos entrevistados apontaram ausência da verdade, falta de preparo e conhecimento específico, desconhecimento sobre um assunto, carência de referências e não ter domínio sobre o assunto como obstáculos para uma boa performance na comunicação.

Pode ser que você não sofra de glossofobia – o medo de falar em público. Talvez apenas não se sinta confortável, talvez se perceba despreparado ou mesmo esteja em busca de novos conhecimentos de comunicação ou, então, queira uma promoção em seu atual emprego; quem sabe gostaria de ter mais prestígio e começar a receber convites para eventos importantes, ou tenha o desejo de realizar apresentações de vendas.

O meu desejo é que você não perca oportunidades de falar, escutar e inspirar pessoas, ou seja, se faça presente e ouvido.

Por isso, vou compartilhar as técnicas da Roda do Diagnóstico® – inteligência emocional, corpo, voz, fala e conteúdo – com consistência, e você poderá **adaptá-la à sua realidade** para acelerar a performance de sua comunicação.

O objetivo é fornecer estratégias de comunicação de modo prático, com base científica para você aprimorar seu estilo sem jamais perder a autenticidade. Aviso de antemão que, se você tiver a disciplina de praticar os exercícios e inseri-los na sua rotina, em três meses terá uma melhora significativa. Nos últimos anos, treinei pessoas que tinham urgência em melhorar a postura e o storytelling para eventos específicos. Em um mês, com treinamento contínuo, elas tiveram sucesso no processo de mudança. Em outras palavras, não tem milagre! Treine, treine e treine...

Aproveito para compartilhar *cases* dessas pessoas:

INTRODUÇÃO

THOMAS BATT
CEO AIG SEGUROS BRASIL SA

"A Shana e eu fizemos um trabalho de oratória neste ano no qual pude observar meu estilo natural e desenvolver competências específicas. O trabalho se iniciou com uma análise muito profunda de meu estilo atual e natural de liderança, passando para sessões com uma breve teoria e práticas. Fui testando o aprendizado e obtive feedback espontâneo e positivo de várias pessoas. Recomendo o trabalho de *coaching* junto a Shana por ser diferenciado."

VITOR TAKACS
DIGITAL PROJECT COORDINATOR DA SANOFI

"Tive o prazer de fazer o curso de Shana Wajntraub e posso dizer que foi fundamental para o meu desenvolvimento profissional, e em especial fortemente impactante para conseguir uma oportunidade fora do país. Dentro do curso consegui explorar meus pontos fortes de comunicação e trabalhar em outros que não estava enxergando como por exemplo a ausência de pauses em meus discursos. Recomendo para todos os profissionais que queiram se destacar em posições estratégicas dentro de grandes organizações."

A ARTE DA COMUNICAÇÃO DE IMPACTO

JOSÉ SALIBI NETO

COFOUNDER DA HSM

"A Shana é uma das melhores coaches que conheço. Fui testemunha de muitas transformações que ela fez em profissionais que precisavam mudar. Além disso, ela é uma palestrante de altíssima categoria."

Abandone pensamentos, sentimentos e comportamentos que **não são úteis para você**.

Vamos juntos?

O MEU DESEJO
É QUE VOCÊ
NÃO PERCA
OPORTUNIDADES
DE FALAR,
ESCUTAR E INSPIRAR
PESSOAS, OU SEJA,
SE FAÇA PRESENTE
E OUVIDO.

Shana Wajntraub

PARTE 1

O SHOW TEM QUE ACONTECER

1
ABREM-SE AS CORTINAS!

> "Sua capacidade de se expressar com sinceridade e energia terá se transformado em um grande trunfo para sua carreira."
>
> Dale Carnegie

Imagine a seguinte cena: você está prestes a subir em um palco para fazer uma apresentação. O palco é extenso, forrado com um carpete vermelho que parece desgastado pelo tempo. Muitos palestrantes devem ter passado por ali em situação semelhante à sua. Na plateia, mil pessoas estão ansiosamente à sua espera. Mais cedo, a produção lhe informou que o auditório está com lotação máxima. Uma sala cheia de pessoas querendo escutar o que você tem a dizer.

Por trás das grossas cortinas, que você afasta discretamente com as mãos, também consegue observar a tribuna e o microfone, de aspecto imponentes. É nesse momento que o burburinho dos espectadores chega aos seus ouvidos. Você dá um passo para trás, evitando que alguém repare. Então, fecha os olhos por alguns segundos e tenta fixar pontos da sua apresentação. Respira fundo, abre os olhos e espera o apresentador chamar.

O que essa breve descrição causou em você? Como se sentiu ao imaginar a situação? Arrisco dizer que, se fosse real, frases como "Eu não vou conseguir", "Eu não estou preparado" e "Eu não sou capaz de convencer essas pessoas sobre a minha ideia" poderiam surgir em sua tela mental.

Mesmo apenas pensando na situação, seu corpo pode ter dado alguns sinais, pois ele libera hormônios do estresse, como a adrenalina, que pode levar a várias alterações fisiológicas, tais como:

1. **Tensão muscular:** quando estamos com medo, nosso corpo pode ficar tenso e rígido.

2. **Transpiração excessiva:** nosso corpo pode começar a transpirar excessivamente. Isso pode ser evidente nas mãos, nas axilas e no rosto.

3. **Mãos trêmulas:** nossas mãos podem começar a tremer. Isso pode ser evidente quando seguramos notas ou outros objetos.

4. **Boca seca:** produzimos menos saliva, o que pode dificultar a fala.

5. **Respiração rápida e curta:** nossa respiração acelera, o que pode levar à sensação de falta de ar, ao aumento da ansiedade e ao sufocamento.

6. **Olhar evasivo:** podemos evitar o contato visual com o público, olhando para o chão, para o teto ou para os lados.

O que esses sintomas representam? Por que você parece senti-los mesmo apenas imaginando a cena? E por que parece não ter controle sobre eles? Essa é uma reação comum a quem tem uma resposta de ansiedade elevada, que pode ser percebida como medo ou até mesmo pânico.

MEDO E ANSIEDADE

Durante situações em que há algum tipo de risco, seu corpo reage automaticamente e, por mais que você tente, não é tão simples controlar tais sensações. Você pode pensar que os riscos em questão não são reais, pois não há nenhum perigo à sua integridade física. Mas, possivelmente, você percebeu um perigo

ABREM-SE AS CORTINAS!

à sua identidade ou reputação. O seu organismo reage de modo similar para riscos físicos ou sociais, logo, independentemente do tipo de perigo, ele leva a uma mesma reação: uma cascata de hormônios que termina com a liberação de glicocorticoides (como cortisol) e catecolaminas (como a adrenalina). A função dessa reação é lhe preparar para sobreviver, ou seja, fugir, lutar ou congelar. Você fica mais atento ao ambiente externo. Não para de calcular riscos e imaginar consequências desastrosas. O cortisol pode até lhe ajudar a aprender mais rápido sobre situações novas (algo importante quando há um perigo por perto), mas ele notadamente piora funções como recuperar memórias passadas ou lembrar-se de coisas.[1]

Como você percebeu, sobrevivência não envolve lembrar-se de fórmulas matemáticas no vestibular ou abordar temas complexos em uma palestra; é muito mais básico, simples e rápido. O corpo age como se estivesse diante de um momento de perigo. Não raro, muitas pessoas lidam com esses sintomas na hora de fazer apresentações, tanto on-line quanto presenciais. Lembro-me de um caso que ganhou destaque nas redes sociais em 2021. Uma participante de *reality show* em uma grande emissora de TV chamou a atenção do público devido à dificuldade de se comunicar quando o programa estava ao vivo. A mãe da participante chegou a sair em defesa da filha, justificando que qualquer pessoa no lugar dela agiria assim. A filha estava cercada de câmeras, sendo observada por milhões de pessoas no mundo, e ainda tinha o peso da pressão por parte do apresentador. Minha experiência diz que, se puséssemos no mesmo lugar aqueles que foram às redes

• •

1 VOGEL, S.; SCHWABE, L. **Learning and memory under stress**: implications for the classroom. Disponível em: https://www.nature.com/articles/npjscilearn201611. Acesso em: 26 maio 2023.

A ARTE DA COMUNICAÇÃO DE IMPACTO

sociais criticar o comportamento da participante, o resultado seria o mesmo – ou até pior.

Como falei, muitas pessoas se apavoram só de pensar em segurar um microfone e subir em um palco. Então, se você passa por isso, saiba que não está sozinho. Compartilho algumas pesquisas sobre essa dificuldade:

1. Um estudo conduzido pela Gallup em 2016 constatou que 40% dos estadunidenses têm algum nível de medo de falar em público.

2. Uma pesquisa feita pela revista *Forbes* em 2019 revelou que o medo de falar em público é uma das maiores barreiras para o sucesso profissional.

3. Um outro estudo publicado no *Journal of Anxiety Disorders*, em 2018, concluiu que o medo de falar em público é um problema comum em todo o mundo, afetando cerca de 25% da população.

Na população geral, o medo de falar em público acomete uma porcentagem significativa de pessoas. No estudo de Furmark *et. al.*, 24% dos participantes relataram apreensão ao se comunicarem em público. Em estudo com estudantes universitários, a prevalência tem sido ainda maior. Em estudo de Marinho *et al.*, 63,9% dos estudantes sentem medo de falar em público.

Importante ressaltar que, por mais que o mecanismo fisiológico na resposta à ansiedade ou ao medo seja semelhante entre as pessoas, o grau da resposta, ou a forma que cada indivíduo percebe, interpreta e reage pode ser bem diferente. Enquanto alguns respiram fundo e conseguem atuar perante o medo, outros podem congelar. Alguns sentem um leve frio na barriga, outros podem literalmente ter uma diarreia.

Essas diferenças na forma como sentimos e reagimos têm a ver com vários fatores: diferenças biológicas na sensibilidade do organismo a tais hormônios, ou em traços da personalidade, ou nas crenças que construímos a respeito de como nos sentimos ou devemos nos sentir, na forma como percebemos nossas emoções ou o mundo, ou mesmo quanto à capacidade que cada um de nós tem de controlar tais reações.

O medo é uma reação de proteção contra perigos reais ou imaginados. Convenhamos que, em grande parte das vezes, é muito mais da nossa imaginação do que real. Nos comparamos com outras pessoas, buscamos aprovação e temos medo da rejeição. E isso, para quase todas as pessoas do mundo, é natural. O meu convite é termos consciência desse processo e, então, aprendermos a gerenciá-lo da melhor forma possível. De fato, podemos aprender a reconhecer sinais de ansiedade de maneira precoce e tomar ações que permitam controlar ou amenizar o efeito dessa resposta no organismo.

TIMIDEZ E INTROVERSÃO

Em 2014, recebi um convite especial de um diretor de TV para inaugurar um quadro ao vivo sobre carreira na CNT. Com muita tranquilidade, hoje digo que foi uma das vezes nas quais a timidez tomou conta de mim. Até então, eu nunca tinha sido entrevistada ao vivo em um programa de bate-papo com um jornalista, tendo em vista que eram milhões de pessoas e que não tinha possibilidade de cortes, caso algo "desse errado". Fiquei empolgada por alguns segundos com aquela oportunidade que se abria à minha frente, mas, por outro lado, a ansiedade era alta. Fiquei nesse turbilhão de sentimentos na véspera, mas decidi enfrentar a timidez. No dia do programa, me preparei durante cinco horas, mas, quando o sinal de "estamos no ar" acendeu, a sensação era que não havia me preparado o suficiente. Fiquei inibida com aquele

A ARTE DA COMUNICAÇÃO DE IMPACTO

cenário, e eram tantas luzes e câmeras enormes na minha cara que eu não sabia nem para onde olhar. O entrevistador, muito querido e habilidoso, conseguiu contornar e disfarçar meu nervosismo. Ao sair do estúdio, soube que a audiência tinha sido tão grande que a apresentação, que inicialmente duraria sete minutos, durou catorze. *Ufa!*, pensei. Era um piloto, o peso era alto para que desse certo. E deu! Não ficou perfeito, mas ficou bom a ponto de continuarmos o programa nas semanas seguintes.

A ideia que quero trazer é que, embora eu seja extrovertida, naquele momento fiquei tímida por instantes. Vale ressaltar que, em todo esse cenário de exposição, não necessariamente essa resposta de ansiedade/medo é a timidez. Do ponto de vista da neurociência, a timidez pode estar relacionada a um padrão de atividade cerebral que envolve maior ativação do sistema límbico, que é responsável por regular emoções, memória e motivação.

De acordo com alguns estudos em neurociência, indivíduos tímidos podem apresentar maior atividade do sistema límbico em resposta a estímulos sociais, o que, por sua vez, pode levar a uma maior sensibilidade ao julgamento ou à crítica social. Isso pode resultar em um comportamento de evitação ou retraimento social para esquivar-se de situações que possam gerar ansiedade ou desconforto.

Além disso, estudos sugerem que a timidez pode estar relacionada a um desequilíbrio na regulação dos neurotransmissores no cérebro, como a dopamina e a serotonina, que são responsáveis por regular o humor e as emoções. Isso pode afetar a capacidade do indivíduo de lidar com o estresse social e afetar seu comportamento e interações sociais.

PODEMOS APRENDER A RECONHECER SINAIS DE ANSIEDADE DE MANEIRA PRECOCE E TOMAR AÇÕES QUE PERMITAM CONTROLAR OU AMENIZAR O EFEITO DESSA RESPOSTA NO ORGANISMO.

Shana Wajntraub

A ARTE DA COMUNICAÇÃO DE IMPACTO

No entanto, é importante lembrar que a timidez é um comportamento complexo e multifatorial, que pode ter diferentes causas e expressões em diferentes indivíduos. A neurociência ajuda a entender melhor como a timidez pode afetar o cérebro e o comportamento, mas não se esqueça de que cada indivíduo é único e que, dependendo das causas e da gravidade da timidez, seu tratamento pode envolver diferentes estratégias. Essas estratégias serão abordadas mais adiante.

Também se faz necessário lembrar que a timidez não é uma falha de caráter ou uma fraqueza pessoal, e que muitas pessoas enfrentam desafios semelhantes. O tratamento da timidez pode ser um processo gradual e que requer dedicação e esforço, mas, com o tempo e a prática, é possível desenvolver habilidades sociais e superar a timidez.

Além da timidez, outra característica relevante é a introversão. Essas são muitas vezes confundidas, mas são diferentes em sua natureza e manifestação. A principal distinção entre as duas é que a segunda é uma característica de personalidade, enquanto a primeira é um comportamento específico em relação a situações sociais.

Introversão é uma característica de personalidade que se refere à tendência de uma pessoa para se voltar para o mundo interior de seus pensamentos e sentimentos, em vez de buscar estímulos externos. Indivíduos introvertidos tendem a preferir atividades solitárias ou em grupos pequenos, e podem sentir-se esgotados após interações sociais prolongadas. Eles podem ser mais reflexivos e introspectivos, e preferir tempo para pensar e processar informações antes de tomar uma decisão.

A timidez é um comportamento específico que pode ser visto tanto em indivíduos introvertidos quanto em extrovertidos. Os introvertidos tendem a ser mais reservados e contemplativos,

ABREM-SE AS CORTINAS!

já os extrovertidos tendem a ser mais falantes e expressivos em sua comunicação.

No entanto, faz-se necessário reiterar que a personalidade introvertida ou extrovertida não é um determinante absoluto de como uma pessoa se comunicará. Cada indivíduo é único e pode ter diferentes níveis de habilidades sociais, além de preferências e experiências de vida que afetam sua comunicação.

COMPETIÇÃO NA ERA DA INTERNET

Já falei um pouco sobre o medo da exposição e também sobre a timidez. Outra questão importante que está associada a isso é o medo do fracasso e a relevância que damos ao sucesso. Já notou que, para algumas pessoas, o sucesso de outros pode incomodar, a ponto de elas se sentirem frustradas, mesmo diante do êxito de um familiar ou colega de trabalho? Uma das explicações para isso é que estamos o tempo todo nos comparando com nossos próximos, e muitas vezes apenas percebendo as vitórias dos outros, sem notar nossos próprios esforços ou dificuldades (como diz aquele ditado: "a grama do vizinho parece sempre mais verde"). Além disso, outra explicação é o constante estímulo à competição perpetuado em nossa sociedade: quem chega em primeiro lugar é supervalorizado, enquanto o "resto" tende a ser facilmente esquecido, quando não descartado.

A competição é natural em uma sociedade onde há recursos limitados: por mais que alguns trabalhos pareçam legais e com boas oportunidades de ganhos, não há vagas para todos. Por mais que o termo "competição" possa suscitar incômodo em algumas pessoas, sua prática pode ser saudável em muitos aspectos, pois pode nos incentivar a evoluir em alguma tarefa, a buscar melhores resultados e a nos superar. Entretanto, quando a competição se torna exagerada e valoriza apenas o primeiro

A ARTE DA COMUNICAÇÃO DE IMPACTO

lugar, deixando de lado o reconhecimento do esforço e da conquista dos outros colocados, é possível que se crie um ambiente extremamente tóxico, estimulando inveja e desvalorização da trajetória e evolução que cada um teve.

Como se não bastasse, a tecnologia parece aumentar o problema. O universo perfeito mostrado nas redes sociais faz com que muitos passem longas horas do dia olhando a grama do vizinho e fazendo comparações automáticas. A viagem à praia, a aquisição do carro novo, a mudança de carreira, a maquiagem importada, a roupa de grife: tudo é colocado como parâmetro de sucesso. E se o observador não consegue alcançar o padrão estabelecido, a frustração toma conta e pode provocar o surgimento de doenças psicossomáticas, como ansiedade e depressão.

1. Uma pesquisa realizada em 2018 pela Universidade de Helsinque, na Finlândia, concluiu que as redes sociais podem aumentar a comparação social e a inveja entre as pessoas. Os resultados indicaram que as pessoas que usam as redes sociais com frequência são mais propensas a comparar a própria vida com a dos outros e a se sentir mal com isso.

2. Um estudo conduzido em 2017 pela Universidade de Lancaster, no Reino Unido, mostrou que as redes sociais podem aumentar a pressão social e a sensação de inadequação entre as pessoas. Os resultados indicaram que pessoas que usam as redes sociais com frequência têm mais dificuldade de lidar com a pressão social e são mais propensas a se sentirem inadequadas.

3. Uma pesquisa feita em 2018 pela Pew Research Center, nos Estados Unidos, constatou que as redes sociais podem aumentar a comparação social e a ansiedade entre os adolescentes. Os resultados indicaram que os adolescentes

ABREM-SE AS CORTINAS!

que usam as redes sociais com frequência são mais propensos a compararem a própria vida com a dos outros e a se sentirem ansiosos em relação a isso.

Essas pesquisas mostram que as redes sociais podem ter um efeito negativo na comparação social entre as pessoas, aumentando a pressão social, a ansiedade e a sensação de inadequação. É importante lembrar que as redes sociais são apenas uma parte da vida das pessoas e que muitas vezes as informações compartilhadas nelas não refletem a realidade completa.

Cada indivíduo tem seu tempo e ritmo, e o sucesso, dessa maneira, é relativo e subjetivo. Por isso, é fundamental valorizar as próprias conquistas e buscar o crescimento pessoal de maneira saudável, sem se comparar com os outros de modo excessivo e sem desvalorizar o sucesso alheio.

Pois bem, citei alguns problemas que podem interferir em uma comunicação efetiva. Agora, pensando nas pessoas que se sentem incapazes de se comunicar adequadamente, por medo de falar em público ou por se sentirem tímidas, será que é possível melhorar a capacidade de comunicação? Será que o autoconhecimento e a autoaceitação podem nos ajudar a melhorar a performance?

A ARTE DA COMUNICAÇÃO DE IMPACTO

Checklist para começar

- A ansiedade e o medo são reações comuns em situações de exposição pública e podem afetar significativamente as pessoas.

- A timidez pode estar relacionada a um desequilíbrio na regulação dos neurotransmissores no cérebro.

- As redes sociais podem aumentar a comparação social e a sensação de inadequação entre as pessoas, resultando em ansiedade e depressão.

- O medo do fracasso e a importância atribuída ao sucesso podem afetar a maneira como lidamos com a exposição e a competição na era da internet.

- Técnicas para lidar com a ansiedade, a timidez e o medo de falar em público são estratégias eficazes para diminuir a insegurança e melhorar sua performance.

- Insights e dicas práticas são úteis para desenvolver habilidades sociais e gerenciar a ansiedade em situações de exposição.

- Como reconhecer sinais de ansiedade, controlar a resposta do corpo e melhorar sua comunicação e confiança em público.

ABREM-SE AS CORTINAS!

Atividade para ampliar a sua autoconsciência

1. Todos os dias, reserve alguns minutos para se conectar consigo mesmo.

2. Encontre um local tranquilo, sente-se confortavelmente e feche os olhos.

3. Concentre-se em seu corpo, trazendo atenção para diferentes partes dele, uma de cada vez.

4. Observe qualquer tensão, desconforto ou sensações presentes em cada parte.

5. Em seguida, leve sua atenção para o corpo como um todo, percebendo como ele se sente globalmente.

6. Foque na sua respiração, observando o ritmo natural, o movimento do peito ou abdômen enquanto respira.

7. Reflita sobre seu estado emocional, notando se você se sente mais relaxado ou desconfortável.

8. Pense em situações em que você se sente tímido ou introvertido, explorando as sensações físicas e emocionais associadas a elas.

9. Anote suas observações e reflexões em um diário ou caderno.

10. Repita essa atividade diariamente para aprofundar sua consciência corporal e obter insights sobre si mesmo.

Esta atividade diária ajudará você a se conectar consigo mesmo, aumentando sua consciência corporal e emocional. Ao refletir sobre suas sensações físicas e emocionais, você pode ganhar uma compreensão mais profunda de sua timidez ou introversão. Ao dedicar apenas alguns minutos todos os dias, desenvolverá uma prática que promove autodescoberta e autoconhecimento contínuos.

2

A LUZ ESTÁ EM VOCÊ

magino que há inúmeras dúvidas passando pela sua cabeça neste momento. Está se perguntando se é mesmo possível perder o medo de falar em público e realizar apresentações eficazes. Bem, a resposta é um grande e sonoro *SIM*!

Há muitos exemplos de grandes personalidades que superaram a timidez e se tornaram bem-sucedidas em suas áreas de atuação. Alguns exemplos de como algumas dessas personalidades venceram o medo de vir a público, de liderar movimentos importantes, de comunicar ideias até hoje lembradas e de realizar grandes feitos são:

1. Mahatma Gandhi era notoriamente tímido e introvertido na juventude, mas trabalhou para superar sua timidez ao se envolver em atividades sociais e de liderança na Índia. Ele também desenvolveu técnicas de meditação e introspecção que o ajudaram a se concentrar em seus objetivos e superar a timidez.

2. Warren Buffett, o famoso investidor, era muito tímido na infância e na juventude, mas trabalhou para superar sua timidez ao participar de grupos sociais, fazer apresentações em público e praticar habilidades sociais como a comunicação e a persuasão.

3. Eleanor Roosevelt, ex-primeira-dama dos Estados Unidos, era tímida e insegura na juventude, mas superou sua timidez ao se envolver em atividades sociais e de liderança, trabalhando como ativista pelos direitos civis e escrevendo colunas de jornal.

4. Barbra Streisand, cantora, atriz e cineasta estadunidense, era muito tímida na infância e na adolescência, mas usou a música como forma de se expressar e superar a timidez. Ela também trabalhou em suas habilidades de atuação e comunicação para se tornar uma das artistas mais famosas do mundo.

A ARTE DA COMUNICAÇÃO DE IMPACTO

5. Richard Branson, fundador da Virgin Group, era tímido e disléxico na escola, mas trabalhou para superar a timidez ao se envolver em atividades de liderança e empreendedorismo. Ele também desenvolveu habilidades de comunicação e persuasão para construir sua empresa.

Como último exemplo e, para mim, muito inspirador, a ativista e defensora dos direitos das mulheres e das meninas e autora de vários livros de sucesso Michelle Obama fez um relato pessoal de suas experiências como primeira-dama dos Estados Unidos no livro *Minha história*. A ex-primeira-dama revelou que enfrentou momentos de timidez em sua vida, especialmente quando criança, chegando a dizer em entrevistas que, quando era jovem, muitas vezes preferia ficar sozinha lendo em vez de socializar com outras crianças.

No entanto, Michelle trabalhou para superar sua timidez e se tornou uma líder inspiradora. Ela estudou em algumas das melhores universidades dos Estados Unidos, incluindo Princeton e Harvard, e se tornou uma advogada bem-sucedida antes mesmo de ingressar na política ao lado de seu marido, o ex-presidente Barack Obama.

Como primeira-dama, Michelle se destacou por sua liderança em questões de saúde, educação e empoderamento feminino. Ela também é uma palestrante talentosa, conhecida por seus discursos poderosos e inspiradores.

A história de Michelle Obama é um exemplo inspirador de como é possível superar a timidez e alcançar grandes realizações, mesmo quando se enfrenta desafios iniciais de autoconfiança e autoestima.

Esses exemplos mostram que a timidez, além da introversão ou do medo de falar em público, pode ser superada com esforço, prática e dedicação, e que muitas pessoas bem-sucedidas enfrentaram desafios semelhantes na superação da timidez. O primeiro ponto para a mudança é se perceber e aceitar quem você é, com seus talentos, suas singularidades e até mesmo suas dificuldades ou limitações.

AUTOCONHECIMENTO

Em primeiro lugar, é preciso se conhecer. Pode soar clichê, mas a verdade é que uma parcela muito pequena da sociedade dá a devida importância ao autoconhecimento. Esse processo é primordial para a resolução de inúmeros problemas de ordem emocional – como medos e bloqueios em relação à comunicação. Quando nos propomos a conhecer o que se passa dentro de nós, ou questionamos determinadas crenças para procurar entender por que não avançamos em certas coisas, torna-se mais fácil encontrar soluções.

Psicólogos concordam que, quando chegamos na fase adulta, depois dos 25 ou 30 anos, nossa identidade ou personalidade estão bastante estabilizadas. Nessa fase, completamos os principais processos de maturação biológica e já dispomos de um padrão em nosso repertório comportamental e de hábitos. Ou seja, já construímos um conjunto selecionado de comportamentos, atitudes, crenças, reações emocionais, hábitos, habilidades, memórias associativas, respostas condicionadas e percepções, muitas das quais estão subconscientemente programadas dentro de você. Isso significa que você, em geral, tenderá a ter um padrão de pensamentos, sentimentos e comportamentos, reagirá de maneira similar às situações, e que será mais difícil de mudar seus dogmas e a forma como percebe a realidade.

A ARTE DA COMUNICAÇÃO DE IMPACTO

Especialistas, como o neurocientista e escritor estadunidense dr. Joe Dispenza[2] e o psicólogo e economista israelense-estadunidense Daniel Kahneman, explicam que cerca de 95% de quem somos na meia-idade é consequência de uma série de programas subconscientes que se tornaram automáticos: dirigir, escovar os dentes, amarrar os cadarços, comer demais quando estamos estressados, preocupar-nos com nosso futuro, julgar pessoas etc.

Além disso, como escreveu o historiador estadunidense James Harvey Robinson, somos apegados aos nossos padrões e nos irritamos quando alguém os questiona ou critica.

> Às vezes, mudamos de ideia sem qualquer resistência e com naturalidade, mas, se nos dizem que estamos errados, ficamos ressentidos e nosso coração endurece. Somos incrivelmente negligentes na formação das nossas crenças, mas somos tomados por uma paixão indevida quando alguém propõe nos livrarmos delas. Claramente, isso não acontece porque nossas ideias são caras, mas sim porque nossa autoestima é ameaçada.

Contudo, isso não significa que não possamos aprender e mudar. Se quisermos alterar algum aspecto de nossa realidade, precisamos estar abertos a pensar, sentir e agir de novas maneiras; "ser" diferente em termos de nossas respostas às experiências. Um passo inicial é acreditar que podemos sempre "nos tornar" outra pessoa; criar outro estado de espírito. Observar um novo resultado com essa nova mente.

---

2   DISPENZA, J. **Quebrando o hábito de ser você mesmo**: como reconstruir sua mente e criar um novo eu. Porto Alegre: Citadel Editora, 2018.

O PRIMEIRO PONTO PARA A MUDANÇA É SE PERCEBER E ACEITAR QUEM VOCÊ É, COM SEUS TALENTOS, SUAS SINGULARIDADES E ATÉ MESMO SUAS DIFICULDADES OU LIMITAÇÕES.

Shana Wajntraub

Talvez você esteja se questionando: "Mas o que isso tem a ver com comunicação de impacto?". Eu lhe respondo: tudo! Para experimentar uma transformação na postura, na fala, na escrita e na maneira como se apresenta, é necessário fazer "uma viagem ao centro do eu". Em outras palavras, você precisa de fato mergulhar no *autoconhecimento*.

Talvez sua prioridade hoje seja se tornar um orador melhor para fazer mais negócios; ou melhorar a comunicação para subir de cargo na empresa; quem sabe receber um aumento para comprar a casa ou o carro dos sonhos; ou ser um especialista palestrante em seu setor. Enquanto isso é reforçado em sua mente todos os dias, uma parte sua pode se perguntar inconscientemente: "Será que para conquistar o que desejo eu preciso ser igual ao outro?".

Absolutamente não. Afinal, cada ser humano é único. Há uma frase atribuída ao músico estadunidense Dave Grohl que traz uma mensagem importante: "Ninguém é igual a você, esse é o seu superpoder". O grande escritor Goethe completa categoricamente: "A maior força humana é a personalidade". Sua personalidade é como sua impressão digital: única. Não existe outra igual.

A partir do momento que você se conhece, vem um segundo desafio: reconhecer suas dificuldades e limitações. Isso pode ser doloroso, mas é essencial para que consiga entender onde você precisa se concentrar para melhorar. Por isso, o próximo passo é falar sobre a autoaceitação.

AUTOACEITAÇÃO

A autoaceitação é extremamente importante para uma boa comunicação, pois afeta diretamente a maneira como uma pessoa se comporta e se expressa diante dos outros. Quando alguém se aceita plenamente, há maior segurança e confiança em si mesmo, o que facilita a comunicação e torna as interações sociais mais naturais e fluidas.

Por outro lado, quando alguém não se aceita bem, pode haver uma série de barreiras emocionais e comportamentais que prejudicam a comunicação. Por exemplo, a pessoa pode sentir vergonha, insegurança ou medo de ser julgada pelos outros, o que, como resultado, pode levar a um comportamento defensivo, evasivo ou agressivo. Esses comportamentos podem dificultar a interação e gerar conflitos desnecessários.

A autoaceitação também pode ajudar a desenvolver a empatia e a compreensão em relação aos outros, pois permite à pessoa que esteja mais aberta a diferentes perspectivas e opiniões. Isso pode ajudar a construir relacionamentos mais fortes e saudáveis, baseados na confiança e na compreensão mútua.

Há algum tempo, a pesquisadora e autora estadunidense Brené Brown foi convidada pela TED (série de conferências realizadas pelo mundo com o objetivo de disseminar ideias) para falar a respeito de vulnerabilidade, tema central de pesquisa para a construção do livro *A coragem de ser imperfeito*.[3] Sua palestra foi vista por mais de 5 milhões de pessoas e traduzida para cerca de 38 idiomas. O tópico central trata justamente de que o ato de aceitar nossas imperfeições nos leva ao "degrau a mais" na escala de crescimento pessoal.

Aceitar tais imperfeições e sentir-se vulnerável soa como algo negativo. Contudo, segundo Brown, a vulnerabilidade é um poderoso recurso para nos conectar com os outros, desenvolver a empatia, aumentar a coragem e a resiliência emocional e construir relacionamentos mais autênticos e significativos.

. . . .

3 BROWN, B. **A coragem de ser imperfeito**: como aceitar a própria vulnerabilidade, vencer a vergonha e ousar ser quem você é. Rio de Janeiro: Sextante, 2012.

A ARTE DA COMUNICAÇÃO DE IMPACTO

Para Brown, a vulnerabilidade é a chave para a conexão humana autêntica. Quando nos permitimos ser vulneráveis, estamos dispostos a expor nossas emoções, medos e desejos mais profundos, e estamos dispostos a correr o risco de sermos rejeitados ou criticados. No entanto, essa vulnerabilidade também pode nos permitir criar um espaço de confiança e intimidade com os outros, o que pode levar a relacionamentos mais profundos e significativos. Aliás, encontros mais autênticos e profundos são a chave para aprendermos a ser diferentes e a questionar nossas certezas.

Além disso, Brown acredita que a vulnerabilidade é uma parte essencial da coragem e da resiliência emocional. Quando nos permitimos ser vulneráveis, estamos nos colocando em uma posição desconfortável, mas também construindo nossa resiliência emocional e nossa capacidade de lidar com a incerteza e a adversidade. Isso pode nos ajudar a lidar melhor com o estresse, a ansiedade e a incerteza que podem surgir em nossa vida. Aceitar a vulnerabilidade pode nos ajudar na comunicação de várias maneiras:

1. **Melhorando a conexão emocional:** quando nos permitimos ser vulneráveis, podemos criar uma conexão emocional mais forte com nosso interlocutor. Isso pode ajudar a criar um ambiente de confiança e intimidade que é capaz de levar a um relacionamento mais autêntico e significativo.

2. **Aumentando a clareza:** aceitar nossa vulnerabilidade pode ajudar a aumentar a clareza na comunicação. Quando somos honestos sobre nossas emoções e pensamentos mais vulneráveis, podemos expressar nossas necessidades e desejos de maneira mais clara e direta.

3. **Construindo a empatia:** ao sermos vulneráveis na comunicação, podemos criar uma oportunidade para que os outros sejam mais empáticos e compreensivos conosco. Quando

A LUZ ESTÁ EM VOCÊ

nos permitimos ser vulneráveis, estamos dando permissão aos outros para que eles também sejam vulneráveis, criando uma comunicação mais autêntica e honesta.

4. **Reduzindo a defensividade:** quando aceitamos nossa vulnerabilidade, podemos estar menos propensos a ficar na defensiva quando recebemos feedback ou críticas construtivas. Em vez disso, podemos ser mais receptivos e abertos à perspectiva dos outros, o que pode levar a uma comunicação mais produtiva e colaborativa.

5. **Aumentando a confiança:** ao aceitar nossa vulnerabilidade na comunicação, é possível que nos sintamos mais confiantes e autênticos. Isso pode nos ajudar a nos expressar de maneira mais clara e direta, e a criar relacionamentos mais significativos e duradouros.

Ao entender isso – isto é, ao saber que aceitar a si mesmo é uma chave –, fica mais fácil controlar as emoções que nos impedem de evoluir. Paramos de nos comparar e começamos a viver o que há de melhor dentro de nós. Chegamos à autenticidade, algo sublime no potencial humano. Muitas pessoas se destacam na carreira só pelo fato de serem autênticas, ou seja, serem elas mesmas. O sucesso, nesse caso, pode não estar ligado somente à competência, ao preparo técnico, mas também à originalidade, à coragem, à firmeza ao se comunicar, à conexão com o outro e também à adaptação.

Ser mais natural e verdadeiro na comunicação pode ter um impacto significativo em como você é percebido pelos outros e na qualidade de seus relacionamentos. Quando se comunica de modo mais natural e verdadeiro, você está sendo fiel a si mesmo e expressando sua verdadeira personalidade e opiniões. Isso pode ajudar a estabelecer uma conexão autêntica e significativa com os outros, levando a relacionamentos mais profundos e

A ARTE DA COMUNICAÇÃO DE IMPACTO

duradouros. Alguns dos benefícios de ser mais natural e verdadeiro na comunicação incluem:

1. **Fortalecimento da confiança:** quando você se comunica de modo mais natural e verdadeiro, está sendo autêntico e honesto acerca de seus pensamentos e emoções. Isso pode ajudar a construir confiança e respeito em seus relacionamentos, podendo levar a relações mais saudáveis e duradouros.

2. **Melhoria da clareza e compreensão:** quando você se comunica de modo mais natural e verdadeiro, é mais provável que seus interlocutores compreendam suas mensagens com mais clareza e precisão. Isso pode ajudar a evitar mal--entendidos e a aumentar a eficácia da comunicação.

3. **Aumento da empatia e compreensão:** quando você se comunica de modo mais natural e verdadeiro, está se abrindo para a possibilidade de receber feedback e perspectivas de terceiros. Isso pode levar a maior compreensão e empatia por parte dos outros, o que, por sua vez, pode ajudar a construir relacionamentos mais saudáveis e significativos.

4. **Redução da ansiedade e estresse:** quando você se comunica de modo mais natural e verdadeiro, não precisa se preocupar em manter uma fachada ou em tentar impressionar os outros. Isso pode ajudar a reduzir a ansiedade e o estresse associados à comunicação, podendo levar a uma sensação de bem-estar e relaxamento.

5. **Aumento da autoestima e autoconfiança:** quando você se comunica de modo mais natural e verdadeiro, está expressando sua verdadeira personalidade e opiniões. Isso pode ajudar a aumentar sua autoestima e autoconfiança, podendo levar a uma sensação de satisfação e realização pessoal.

A LUZ ESTÁ EM VOCÊ

Viu quantas vantagens existem em se aceitar? A partir desse ponto será possível pensar em estratégias para melhorar sua comunicação. Vou lhe mostrar um método muito eficaz que você poderá usar para melhorar sua performance. Todo método exige um plano, e agora vamos abordar a importância de planejamento e organização para que o método tenha sucesso.

PLANEJAMENTO E MÉTODO

Fazer uma apresentação, presencial ou on-line, aula, webinar ou subir no palco do TED requer planejamento. Pela minha experiência, 70% do sucesso de uma apresentação vem do ato de se planejar. Por exemplo, em minha dissertação de mestrado, ao serem questionados quanto ao que fazem para se sentirem confiantes em uma apresentação, 56,67% dos entrevistados responderam que usam treino e planejamento como estratégias. Na mesma pergunta, algumas pessoas responderam que usam o autoconhecimento, a postura corporal, o pensamento positivo, a preparação mental ou a autoconsciência do estado emocional para se sentirem mais confiantes.

As apresentações corporativas e de caráter similar alcançaram um alto nível de excelência e competição, e não há mais espaço para amadorismo. O tempo das apresentações *mais ou menos* e das palestras de improviso ficou para trás. A palavra de ordem no cenário atual é: *impacto*! E o caminho para esse impacto passa pelo preparo. E, quando falamos em preparo, estamos nos referindo tanto a habilidades comportamentais e ao conhecimento técnico quanto à organização do conteúdo e do material.

O planejamento se torna ainda mais eficaz quando acompanhado de um método. Por exemplo, existem métodos eficazes para se escrever bem, trabalhar bem e, inclusive, falar bem. O método lhe oferece as ferramentas; já o plano prepara você em

A ARTE DA COMUNICAÇÃO DE IMPACTO

relação a onde, quando e como usar tais ferramentas. Ao longo dos próximos capítulos, você conhecerá uma metodologia que eu batizei de Roda do Diagnóstico®.

Atividade para elevar a autoaceitação

1. Traga à mente uma situação recente em que você tenha se sentido desconfortável ou insatisfeito consigo mesmo em relação à sua comunicação.

2. Observe os pensamentos e os sentimentos que surgem enquanto recorda essa situação. Esteja consciente de qualquer autocrítica, julgamento ou negatividade que possa surgir.

3. Agora, desafie esses pensamentos autocríticos com autocompaixão. Reconheça que todos nós cometemos erros e que você está em um processo de crescimento pessoal.

Além desta, recomendo que você liste três qualidades ou habilidades positivas que possui na área da comunicação. Reconheça seus pontos fortes e foque neles. Pratique a aceitação ao se permitir reconhecer suas falhas e imperfeições. Lembre-se de que essas experiências fazem parte do aprendizado e do desenvolvimento pessoal.

SUA PERSONALIDADE É COMO SUA IMPRESSÃO DIGITAL: ÚNICA. NÃO EXISTE OUTRA IGUAL.

Shana Wajntraub

3

A HORA
DO
IMPACTO

Desenvolvi a Roda do Diagnóstico® para organizar todos os ingredientes essenciais de uma comunicação de sucesso. Imaginem uma pizza de três sabores (inteligência emocional, corpo e voz, fala e conteúdo) totalizando onze fatias, vamos trabalhar cada uma delas.

É um importante exercício, portanto, é necessário que você anote suas observações em algum lugar, assim como fizemos nos temas anteriores. Para preencher a Roda do Diagnóstico®, você fará uma autoavaliação de 1 a 10. A nota máxima aponta que você está muito bem naquela característica/habilidade. Já pontuações de 6 para baixo são itens que requerem atenção.

Observe a imagem abaixo:

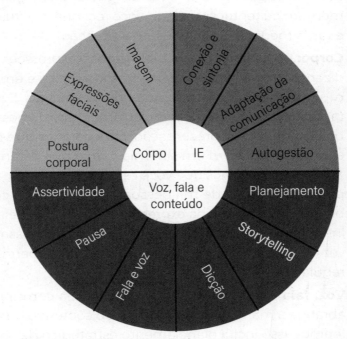

RODA DO DIAGNÓSTICO®
FONTE: SHANA WAJNTRAUB

A ARTE DA COMUNICAÇÃO DE IMPACTO

Vamos discutir os pilares que formam a Roda do Diagnóstico® ao longo do livro, mas, para entendê-los um pouco mais, vou sintetizar cada um dos pilares a seguir:

- **Inteligência emocional:** quando se trata de comunicação, a inteligência emocional é importante porque nos ajuda a nos sintonizar com nosso público e a adaptar nossa comunicação de acordo com as necessidades e emoções dele. Também nos ajuda a lidar com nossas próprias emoções durante uma conversa ou apresentação, permitindo-nos que permaneçamos calmos e confiantes, mesmo em situações difíceis. Imagine que você está liderando uma reunião de equipe e um dos membros começa a expressar frustração e impaciência. Em vez de ignorar a emoção desse membro ou tentar silenciá-lo, você reconhece a frustração e toma medidas para lidar com a situação.

- **Corpo:** nossa postura corporal, gestos e expressões faciais dizem muito a respeito de nossas intenções e emoções, muitas vezes até mais do que nossas palavras. É importante prestar atenção a como estamos usando nosso corpo durante uma apresentação, para garantir que nossas expressões estejam em sintonia com o que estamos dizendo. Suponhamos que você esteja dando uma palestra para uma plateia de mil pessoas. Se ficar de pé com os braços cruzados e uma expressão fechada, a plateia pode interpretar isso como falta de confiança ou entusiasmo. Em vez disso, tente manter uma postura ereta e aberta, sorria regularmente.

- **Voz, fala e conteúdo:** o terceiro pilar da comunicação abrange a maneira como falamos e o conteúdo que escolhemos. Isso inclui planejamento estratégico de comunicação, escolha de palavras, storytelling, dicção, qualidade e tom da voz, pausa, respiração e prosódia. A maneira como falamos e o conteúdo são fundamentais para prender a atenção de nosso público e transmitir ideias de maneira clara e com credibilidade. Por exemplo, imagine que está fazendo uma entrevista de emprego e precisa convencer o entrevistador de que é o candidato ideal. Você pode usar pausas estratégicas para enfatizar pontos importantes e falar com tom de voz confiante para transmitir sua assertividade, fale com uma entonação moderada e grave. Para transmitir credibilidade, use uma articulação precisa, livre de tensão.

Meu objetivo é fazer você dominar cada elemento, com seus conceitos, fundamentos e estruturas. Em cada capítulo relacionado, trarei exercícios práticos que farão você ir além da teoria e se desenvolver tecnicamente durante a jornada. Tudo pronto? Vamos em frente!

Atividade

Grave um vídeo curto, de dois a três minutos, apresentando-se e falando sobre sua área de especialização. Assista ao vídeo e faça uma autoavaliação de sua comunicação. Identifique três pontos fortes e três áreas de melhoria que você percebeu em sua apresentação. Anote suas observações e defina um plano de ação para melhorar seus pontos fracos.

PARTE 2

A RODA
DO
DIAGNÓSTICO®

4

A INTELIGÊNCIA EMOCIONAL

> "Perceber o que as pessoas sentem sem que elas o digam constitui a essência da empatia."
>
> Daniel Goleman

Proponho um desafio. Feche os olhos, deite-se ou sente-se de maneira confortável. Respire fundo e procure olhar para dentro de si. Questione-se: "O que estou sentindo neste exato momento?". Consegue descrever? Que tipo de emoção, sentimento ou percepção você tem? Quais palavras poderiam ser usadas para definir isso? Que frase resumiria o que você percebeu?

A não ser que já tenha feito esse exercício antes, arrisco dizer que não foi tão simples identificar e especificar o que sentiu ou percebeu, estou certa? Essa dificuldade se dá porque a inteligência emocional ainda não foi bem trabalhada em você.

Não se crucifique: poucas pessoas são consideradas plenas no que diz respeito à inteligência emocional. A boa notícia é que este capítulo vai ajudar você a desenvolver a capacidade de lidar, reconhecer e avaliar os próprios sentimentos e os das outras pessoas.

Aliás, foi assim que Daniel Goleman, psicólogo e escritor estadunidense, definiu inteligência emocional: "(...) capacidade de identificar os nossos próprios sentimentos e os dos outros, de nos motivarmos e de gerir bem as emoções dentro de nós e nos nossos relacionamentos".[4] Para ele, a inteligência emocional é a maior responsável pelo sucesso ou insucesso dos indivíduos. Como exemplo, recorde-se de que a maioria das situações de trabalho envolve relacionamentos

---

4 GOLEMAN, D. **Inteligência emocional**: a teoria revolucionária que redefine o que é ser inteligente. Rio de Janeiro: Objetiva, 1996.

A ARTE DA COMUNICAÇÃO DE IMPACTO

entre as pessoas e, desse modo, pessoas com qualidades de relacionamento humano, como afabilidade, compreensão e gentileza têm mais chances de obter o sucesso.

Já os pesquisadores Salovey e Mayer definem inteligência emocional como "(...) a capacidade de perceber e exprimir a emoção, assimilá-la ao pensamento, compreender e raciocinar com ela, e saber regulá-la em si próprio e nos outros". De acordo com eles, os indivíduos que possuem inteligência emocional elevada são capazes de gerenciar suas emoções com precisão, lidar melhor com questões sociais e não se envolver em comportamentos problemáticos e viciosos.

Uma vez compreendido esse fundamento, vale destacar que inteligência emocional é baseada em quatro pilares. Eles são relacionados à percepção, porém cada um tem um objetivo e uma proposta: o primeiro está relacionado a *como eu me percebo,* também denominado como o estágio da consciência; o segundo é o *autogerenciamento das emoções.* O terceiro, a *percepção das pessoas;* por fim, temos a *adaptação e o gerenciamento dos relacionamentos.*

Seja para administrar os próprios sentimentos, seja para resolver situações de conflito, ou mesmo para perceber, de fato, o que pode influenciar sua comunicação, esses quatro pilares são fundamentais. Vamos detalhar cada um:

Pilar 1: Autoconsciência. Aqui trabalhamos o reconhecimento das nossas emoções. O exercício proposto no início do capítulo se encaixa perfeitamente neste pilar. Parece simples, mas em alguns dias nossos sentimentos estão confusos, e tudo se mistura na mente e no coração. A autoconsciência nos ajuda a ordenar tudo isso.

Pilar 2: Autogerenciamento. Após perceber, você pode gerenciar e mudar a emoção em prol de um objetivo. Nesta fase, já não se age por impulso; você pensa antes de agir, porque tem consciência dos

A INTELIGÊNCIA EMOCIONAL

seus sentimentos; sabe que não está bem, contudo passa por cima do obstáculo e segue em frente.

Pilar 3: Consciência social. Existe uma grande diferença entre nossos próprios sentimentos e pensamentos e as emoções e os pensamentos dos outros. A consciência social, nesse caso, ajuda a fazer essa distinção. Ela desperta a capacidade de ver as coisas do ponto de vista de outra pessoa, considerando seus pensamentos e sentimentos.

Pilar 4: Gerenciamento de relacionamentos. Este último pilar leva às reações às emoções alheias. Para um bom gerenciamento de relacionamentos, é preciso estar sintonizado com as emoções dos outros, principalmente com como eles respondem às nossas ações e comunicação. Ou seja, o modo que nossas emoções afetam as outras pessoas assim como as emoções delas nos afetam.

Como quando, por exemplo, você chega a um lugar onde todos estão tristes ou muito agitados e começa a se sentir assim também sem nem saber o porquê. A consciência social e o gerenciamento de relacionamentos fornecem a habilidade para evitar esse tipo de influência e preparam você para influenciar positivamente as pessoas do ambiente.

Após essa conceituação básica, estamos prontos para destrinchar cada um dos pontos da inteligência emocional trabalhados na Roda do Diagnóstico®: conexão e sintonia, adaptação da comunicação e autogestão. Vamos juntos!

CONEXÃO E SINTONIA

"Não devemos permitir que alguém saia da nossa presença sem se sentir melhor e mais feliz."

Madre Teresa de Calcutá

A ARTE DA COMUNICAÇÃO DE IMPACTO

Certa vez, um parceiro de negócios me convidou para ministrar no Panamá o curso *Luz, câmera e impacto* para líderes da América Latina. Em um primeiro momento, fiquei muito feliz e empolgada com o convite, alguns minutos depois, raciocinei: "Nossa, em três semanas precisarei estar com o espanhol mais 'afiado'". Eu já havia morado na Espanha anos antes, mas estava um tanto destreinada no idioma. Então busquei ajuda e contratei dez aulas particulares de espanhol. De certa maneira, o medo que senti me auxiliou a me preparar melhor.

Cheguei ao Panamá cinco dias antes da apresentação. Tinha tempo para praticar o espanhol para que, no grande dia, eu estivesse mais segura. Entretanto, em vários momentos, me senti amedrontada, insegura e vulnerável. O que eu poderia fazer? Não havia escolha: fui ministrar o curso para os líderes da América Latina com um turbilhão de sentimentos. Segui usando as mesmas ferramentas de inteligência emocional que estou apresentando a você, e, ainda que amedrontada, insegura e vulnerável, o curso foi um sucesso. Aliás, agora é um bom momento para compartilhar uma dessas ferramentas com você:

A INTELIGÊNCIA EMOCIONAL

Memória positiva: A memória positiva desempenha um papel fundamental no gerenciamento da ansiedade em relação à comunicação e apresentações. As recordações positivas podem atuar como um mecanismo de regulação emocional. Quando evocamos memórias positivas, ocorrem respostas neurofisiológicas que estimulam a liberação de neurotransmissores associados ao prazer e à recompensa, como a dopamina, melhorando o humor e diminuindo o desconforto emocional. Além disso, essas memórias ajudam a modular a ativação do sistema nervoso autônomo, reduzindo a resposta fisiológica ao estresse, como a frequência cardíaca acelerada e a transpiração excessiva. Portanto, antes da sua apresentação, lembre-se de experiências semelhantes que você tenha tido sucesso.

Respiração: A técnica de segurar a respiração por três segundos e soltar em sete antes de um evento pode ter efeitos positivos no gerenciamento da ansiedade. Cientificamente, essa técnica está baseada na regulação da resposta fisiológica ao estresse por meio da ativação do sistema nervoso parassimpático, responsável por promover a calma e a redução da ansiedade. Quando inspiramos profundamente por três segundos, estamos ativando a resposta de relaxamento do nosso organismo, estimulando a liberação de neurotransmissores como o GABA, que tem propriedades ansiolíticas. Ao soltar o ar lentamente por sete segundos, prolongamos a fase expiratória, o que estimula o nervo vago e aumenta a atividade parassimpática, resultando em uma diminuição da frequência cardíaca e da pressão arterial, e uma sensação de relaxamento. Além disso, essa técnica também pode interromper o ciclo de pensamentos ansiosos, redirecionando o foco para a respiração e proporcionando um momento de pausa e centramento mental.

Se, ainda assim, você estiver com ansiedade na hora, saiba que é natural. Fale mais devagar e use mais pausas até se sentir confortável com a situação e naturalmente seguir com o seu discurso.

Planejamento, ensaio e prática: Ao planejar a apresentação de forma estruturada, definindo os objetivos, o conteúdo e a sequência

A ARTE DA COMUNICAÇÃO DE IMPACTO

de informações, ganhamos mais segurança e clareza sobre o que será comunicado. O ensaio, por sua vez, envolve a prática da apresentação antes do momento real, permitindo que se familiarize com o conteúdo, a linguagem corporal e a entonação vocal. Infelizmente, é importante mencionar que muitos brasileiros não costumam dedicar tempo para treinar suas apresentações, seja por falta de conhecimento sobre a importância dessa prática ou por falta de hábito. Ressalto que encorajar a cultura de treinamento é fundamental para superar a ansiedade e alcançar uma comunicação de impacto.

Causa e efeito: A expressão corporal e facial não apenas reflete emoções, mas também pode influenciar diretamente o estado emocional de uma pessoa. Quando adotamos posturas de poder, como manter uma postura ereta, ombros para trás e cabeça erguida, ou expressões faciais abertas e sorridentes, nosso corpo envia sinais ao cérebro de que estamos confiantes e no controle da situação. Esses sinais ativam a liberação de neurotransmissores relacionados ao bem-estar, como a serotonina, e reduzem a produção de hormônios do estresse, como o cortisol. Ao incorporar posturas corporais expansivas e expressões faciais positivas, mesmo que inicialmente não estejamos nos sentindo confiantes, é possível enganar o cérebro e estimular uma resposta emocional mais positiva.

Transforme nervosismo em entusiasmo: A pesquisa de Amy Cuddy sugere que transformar o nervosismo em entusiasmo pode ser uma estratégia eficaz para gerenciar a ansiedade. A mudança de perspectiva de enxergar o evento que você irá realizar como algo positivo, uma oportunidade, permite que a pessoa canalize a energia e a excitação do nervosismo para uma atitude de motivação e entusiasmo, o que pode resultar em um desempenho mais engajado e confiante. Ao transformar a ansiedade em entusiasmo, a pessoa não apenas regula suas emoções, mas também utiliza a energia e a intensidade do nervosismo de forma produtiva, aproveitando-a como um impulso para uma performance mais convincente e impactante.

A INTELIGÊNCIA EMOCIONAL

Mindfulness: O mindfulness, ou atenção plena, é uma prática que envolve a consciência e aceitação do momento presente, sem julgamentos. Quando aplicado ao gerenciamento da ansiedade durante uma apresentação, o mindfulness pode ser uma ferramenta poderosa. Ao direcionar a atenção para a experiência presente, incluindo sensações corporais, pensamentos e emoções, o praticante desenvolve uma maior capacidade de observar e reconhecer os sinais de ansiedade sem se identificar ou se deixar levar por eles. Isso permite que a pessoa esteja consciente dos seus pensamentos e reações automáticas, e escolha responder de forma mais consciente e adaptativa.

Pose do poder: A "pose do poder", popularizada por Amy Cuddy em sua pesquisa, refere-se à adoção de posturas corporais expansivas e confiantes para aumentar a sensação de poder e reduzir a ansiedade. Essa técnica envolve assumir uma postura aberta, com o corpo ereto, os ombros para trás e a cabeça erguida. Por exemplo, ficar de pé com as pernas afastadas e as mãos apoiadas nos quadris, conhecida como a "pose da Mulher-Maravilha". Essas posturas são consideradas poses de alto poder, pois são associadas a níveis mais elevados de testosterona e menor produção de cortisol, o hormônio do estresse. Estudos mostraram que, ao adotar a "pose do poder" por apenas alguns minutos antes de uma apresentação, as pessoas podem experimentar uma redução nos níveis de ansiedade e um aumento na confiança.

Espiritualidade: Para muitas pessoas, a espiritualidade está relacionada a um senso de conexão com algo maior do que elas mesmas, seja através de crenças religiosas, práticas de meditação, contemplação ou outras formas de busca por significado e propósito na vida. No contexto de uma apresentação, a espiritualidade pode oferecer uma fonte de apoio e conforto emocional. Acreditar em algo maior ou ter uma prática espiritual pode fornecer uma sensação de confiança e segurança, promover uma perspectiva mais ampla e uma conexão

A ARTE DA COMUNICAÇÃO DE IMPACTO

com valores mais profundos, o que pode ajudar a colocar a apresentação em um contexto mais amplo e a diminuir a importância excessiva atribuída a ela. É importante ressaltar que a espiritualidade é uma dimensão pessoal e subjetiva, e sua influência no gerenciamento da ansiedade pode variar de pessoa para pessoa. O importante é explorar e encontrar práticas espirituais que sejam significativas e relevantes para cada indivíduo, buscando uma abordagem que apoie sua saúde emocional e mental durante a apresentação.

O intuito destas técnicas é que você escolha a que mais fizer sentido para você. Teste e veja o resultado. Caso alguma não surta resultado, vá para outra. Tenho certeza de que alguma funcionará. Compartilho com você que às vezes quando sou convidada para um programa de TV, ao vivo, e as perguntas mudam ou a pauta é delicada, sempre me dá aquele frio na barriga na véspera e minutos antes de entrar no ar. Quais eu utilizo? Causa e efeito, espiritualidade, transforme nervosismo em entusiasmo. Se funciona? Sempre!

Teste e, depois, compartilhe os resultados comigo. Estarei na arquibancada acompanhando o seu sucesso!

> **Atividade para gerenciamento de ansiedade**
>
> Pense em uma situação de comunicação desafiadora que você enfrentou no passado, uma em que se sentiu ansioso(a). Escreva um breve relato descrevendo a situação e como você se adaptou à situação. Identifique pelo menos duas estratégias de gerenciamento de ansiedade que você poderia ter usado para se adaptar ainda melhor.

Não à toa escolhi iniciar este tópico sobre conexão e sintonia citando esse caso. Lembra o que falei sobre vulnerabilidade no capítulo anterior? Gosto de narrar situações assim porque, quando expomos nossa vulnerabilidade, há maior conexão com o público.

A INTELIGÊNCIA EMOCIONAL

Entendo que a chave para desenvolver bons relacionamentos é ser o que queremos que a outra pessoa seja. E eu não quero ser *uma mulher de aço que nunca falha*. Pelo contrário, quero ser humana, com todos os ônus e bônus que isso traz. E sei que, quanto mais humana eu for, mais conexão e sintonia poderei gerar. Esse é o segredo da vulnerabilidade, que, se usada com equilíbrio, torna nossas mensagens muito mais poderosas.

Conexão é estar conectado ao outro; sintonia é estar na mesma frequência. Ambos fornecem a "química" ou o "clima" necessários para que relações sejam estabelecidas do melhor modo. Uma das primeiras maneiras de duas mentes estarem em sincronia é pelo olhar. Junto a um sorriso amistoso, o contato visual é um recurso poderoso capaz de transformar a receptividade de uma palestra. Isso será tratado com mais detalhes no capítulo sobre expressões faciais e postura corporal. Neste momento, vamos conferir outros ensinamentos.

O autor best-seller estadunidense John Maxwell divide o que aprendeu em quatro décadas de estudos e participações como orador, pastor, conferencista e escritor. Em *A arte de influenciar pessoas*, Maxwell afirma que "(...) a melhor maneira de se tornar uma pessoa magnética é desenvolver qualidades que também nos sejam atraentes".[5] Ser empático não é apenas ser atraente, mas tornar-se uma fonte viva de conexão e sintonia.

Entender isso certamente influencia a sua habilidade de se comunicar com os outros. David Burns, médico e professor de psiquiatria da Universidade da Pensilvânia, observa:

. . . .
5 MAXWELL, J. **A arte de influenciar pessoas:** sozinho não se chega a lugar. São Paulo: Mundo Cristão, 2007.

A ARTE DA COMUNICAÇÃO DE IMPACTO

> O maior erro que se pode fazer ao tentar falar de maneira convincente é colocar a mais alta prioridade em expressar suas ideias e sentimentos. O que a maioria das pessoas realmente quer é ser ouvida, respeitada e compreendida. No momento que percebem que estão sendo compreendidas, tornam-se mais motivadas a compreender o ponto de vista de quem está falando.

Quanto mais compreender as pessoas – saber como pensam, o que sentem, o que as inspira, como agem e reagem a determinadas situações –, mais você conseguirá motivá-las e influenciá-las de maneira positiva. Basicamente, as pessoas gostam de ser incentivadas, reconhecidas, perdoadas, ouvidas e compreendidas.

Outra chave para a conexão é: *todas as pessoas querem ser alguém*. Não há uma pessoa no mundo que não tenha o desejo de ter significância, de ser apreciada por seus esforços e qualidades. Mesmo alguém pouco ambicioso deseja ser considerado pelos outros. Aprenda a usar essa ferramenta e veja o sucesso bater à sua porta!

Uma vez que essa informação se torna parte de nosso pensamento como comunicadores, passamos a compreender os motivos que levam as pessoas a agirem. Ao tratar cada indivíduo que encontramos como se ele fosse o mais importante do mundo, estamos comunicando que ele é alguém importante para nós. Mary Kay Ash, empresária estadunidense e fundadora da Mary Kay Cosmetics, Inc., demonstrou entender isso ao expressar: "Finja que cada pessoa que você encontra tem uma placa em torno do pescoço dizendo 'faça-me sentir importante'. Você não apenas terá sucesso em vendas, você terá sucesso na vida".

Tudo o que acabei de citar pode ser usado nas práticas de comunicação de impacto: falar de suas vulnerabilidades, fazer uso do sorriso, do olhar e de outras expressões e, claro, contar boas histórias... Histórias que retêm a atenção do público e que, de alguma maneira, possam marcá-lo e ficar na memória das pessoas.

A INTELIGÊNCIA EMOCIONAL

Uma narrativa bem articulada, com começo, desenvolvimento e final específicos, e que capture o público – seja por meio do drama, do humor, do conflito versus solução, do suspense ou do questionamento – é um dos melhores recursos de conexão e sintonia.

A evolução conectou o cérebro para contar histórias: a pessoa que está ouvindo uma narrativa pode realmente se sincronizar conosco. Uri Hasson, professor de Psicologia em Princeton, apresentou um TED Talks no qual relatou os efeitos mágicos da narrativa enquanto uma narradora fazia uso do storytelling:

> Quando a mulher falava inglês, os voluntários entendiam sua história e seus cérebros sincronizavam. Quando ela tinha atividade em sua ínsula, uma região emocional do cérebro, os ouvintes também tinham. Quando seu córtex frontal ascendia, o mesmo aconteceu com o deles. Simplesmente contando uma história, a mulher conseguia plantar ideias, pensamentos e emoções no cérebro dos ouvintes.

O tema é tão importante que reservei um capítulo inteiro para tratar de storytelling – e chegaremos nele em breve.

Você também pode também utilizar o poder do *humor* para gerar sintonia e conexão. "O humor pode se enfiar por baixo da porta enquanto a seriedade ainda está se atrapalhando com a maçaneta", registrou o poeta inglês G. K. Chesterton. "O riso derruba as defesas, e de repente você tem a chance de se comunicar de verdade com o público", explicou o escritor Chris Anderson em seu livro *TED Talks*.[6] Portanto, sempre que possível, faça bom uso do humor.

Apenas atente-se que seu objetivo não é apenas entreter o público, mas comunicar algo. A não ser que seja um show de

. . . .

6 ANDERSON, C. **TED Talks:** o guia oficial do TED para falar em público. Rio de Janeiro: Intrínseca, 2016.

stand-up comedy, evite transformar o riso no foco da apresentação, pois isso faz com que o foco real se perca e traz mais riscos de frustração, tanto de sua parte quanto do público.

Também não invista pesado no humor caso você não tenha esse talento. Até parece simples fazer um público rir, mas de simples não tem nada. E o humor ineficaz é pior do que a falta de humor. Por isso, é bom conhecer a si mesmo e entender seus limites. Se você pretende gerar apresentações de impacto, vale a pena tentar encontrar sua veia humorística. Entretanto, se não encontrar, nada de pânico. Como você viu, há outros meios de gerar conexão e sintonia.

AUTOGESTÃO EMOCIONAL

"Qualquer um pode zangar-se, isso é fácil, mas zangar-se com a pessoa certa, da maneira certa, na hora certa pelo motivo certo, não é fácil."

Aristóteles

O ano é 2011. Cheia de planos e movida por um espírito aventureiro, eu desembarcava em um aeroporto de Israel. Lembro-me do meu sentimento ao caminhar pelo terminal e olhar tantos rostos diferentes. Além das atividades profissionais, meu objetivo no país era absorver aquela cultura tão diferente e ampliar meu conhecimento sobre pessoas.

Como seria andar sozinha pelas ruas do Oriente? E a experiência de comprar nos comércios do Mediterrâneo? E conviver com um povo com uma cultura tão distinta da minha? Será que eu conseguiria adaptar minha comunicação de modo eficaz? Conseguiria controlar meus sentimentos e minhas emoções naquele contexto tão peculiar?

Hoje vejo o quanto experiências como essa enriquecem tanto o conhecimento intrapessoal (a conexão consigo mesmo, seu

A INTELIGÊNCIA EMOCIONAL

autoconhecimento) quanto o interpessoal (o relacionamento com outras pessoas). Esses dois níveis de aprendizado levam ao que chamamos de *autogestão emocional*.

Autogestão emocional é a capacidade de gerir sentimentos e habilidades para ter mais autocontrole, autonomia e autoconfiança, e alcançar o potencial máximo em situações diversas. A autogestão emocional é um conceito que tem sido cada vez mais estudado por pesquisadores em diversas áreas. Daniel Goleman, do qual já falamos anteriormente, é uma das principais referências nessa área e desenvolveu o modelo das cinco competências emocionais. Segundo Goleman, a autogestão emocional é uma das competências essenciais da inteligência emocional, que inclui a capacidade de reconhecer e identificar as próprias emoções; gerenciar as emoções e sentimentos negativos; manter a calma e o equilíbrio em situações estressantes e adaptar-se às mudanças e às adversidades.

Outros pesquisadores, como Richard Davidson e Paul Ekman, têm estudado a relação entre a autogestão emocional e a atividade cerebral, identificando áreas específicas do cérebro que estão envolvidas no processamento emocional e na regulação emocional.

Em outras palavras, é uma habilidade que permite conhecer seus limites e possibilidades, potencializando suas características positivas e criando meios para superar as negativas.

Essa capacidade pode ajudá-lo, por exemplo, a se sair melhor em um país totalmente desconhecido convivendo com pessoas com costumes diferentes, a lidar com líderes e clientes estressados, a se salvar em reuniões e apresentações importantes, enfim, pode servir como recurso em inúmeros contextos.

No entanto, como se faz para desenvolver essa maturidade emocional? Como gerir sentimentos e habilidades para ter mais autocontrole, autonomia e autoconfiança em diferentes situações? Como recorrer a ele, principalmente quando precisar se apresentar? O primeiro passo já foi apontado por mim no início deste livro: autoconhecimento.

É preciso identificar seu jeito de ser, sua personalidade, seus pontos fortes e pontos a desenvolver. Em outras palavras, auto-conhecimento é saber quem você é. Claro, não é desenvolvido da noite para o dia. Às vezes, leva-se anos para compreender melhor quem somos. A boa notícia é que, se você chegou até aqui, a sua jornada já começou!

Costumo dizer que o lar é o principal laboratório para desen-volver a inteligência emocional e se beneficiar dela na vida fora dele. Veja o meu caso: sou a caçula de sete irmãos. O fato de a minha família ser grande me fez aprender a gerenciar minhas emoções desde cedo. Tive que aprender a renunciar, a dividir, a "engolir sapos", a "deixar para lá".

Autogestão emocional também é ter a capacidade de receber um "não" e lidar com a negativa sem prolongar a dor. No meu caso, era impossível influenciar meus pais com as mesmas von-tades e os mesmos desejos dos meus irmãos. Eu era a caçula, mas não tinha privilégios. Era muito na base de "cada um se vira". Isso me ajudou a me esforçar para conseguir as coisas. Nada foi fácil, mas valeu a pena. Sempre agradeço aos meus pais por me guiarem dessa forma.

Como descrito anteriormente, o treino e a preparação prévia foram as estratégias mais descritas como modo de trazer con-fiança aos indivíduos. Não se sentir confiante durante uma apre-sentação pode ter impacto significativo tanto no apresentador quanto no público. Apresentadores com falta de autoconfiança podem ter dificuldade para articular sua mensagem com cla-reza, parecer nervosos ou desinteressados e não conseguir se conectar com o público. Isso pode levar à falta de credibilidade

A INTELIGÊNCIA EMOCIONAL

e prejudicar a eficácia da apresentação; por outro lado, sentir-se confiante pode trazer vários benefícios.

Um estudo de Hayes e seus colegas descobriu que os apresentadores confiantes foram classificados como mais persuasivos, credíveis e agradáveis do que aqueles que não tinham confiança. Em minha dissertação, ao se sentirem confiantes na comunicação, 50% dos indivíduos observaram melhor expressão e transmissão de mensagem eficaz com geração de empatia; 45% constataram maior fluidez na comunicação, redução da ansiedade e satisfação; 35% observaram maior credibilidade e autoestima; 40,2% referiram-se a posicionamento assertivo.

Além de treinar em casa, no dia a dia, também indico a terapia, que eu mesma já fiz. Meu primeiro contato com um profissional dessa área foi aos 16 anos. Aos 17, dei continuidade ao processo, até porque ingressei na faculdade de Psicologia, e fazer terapia era desejável durante a graduação. Outra excelente experiência, como já citei anteriormente, foi viajar sozinha para alguns países.

No mais, é preciso estar alerta para situações do cotidiano e treinar o olhar. Trabalhando com pessoas há mais de vinte anos, decidi ser uma observadora de mim mesma e dos outros. Sei que em algum momento o comportamento das pessoas pode me incomodar. Sou humana, sinto raiva, fico triste, tenho alterações hormonais, mas isso não significa que esses sentimentos devem determinar o meu cotidiano. Com autogestão emocional, posso contornar uma situação mais rápido para que ela não chegue ao extremo. Afinal, você não controla o outro, apenas controla a si mesmo e como irá reagir.

Ainda sobre autogestão emocional, por vezes nos encontramos em situações que parecem bem complicadas para resolvermos sozinhos. Por vezes, é válido e relevante buscar ajuda profissional quando, por exemplo, a timidez ou introversão é

A ARTE DA COMUNICAÇÃO DE IMPACTO

muito forte, a ansiedade parece fugir do controle etc. No caso, sugiro algumas abordagens:

1. **Terapia cognitivo-comportamental (TCC):** é uma abordagem terapêutica que se concentra em identificar e modificar os padrões de pensamento e comportamento que contribuem para a timidez. A TCC pode ajudar a desenvolver habilidades sociais, melhorar a autoestima e reduzir a ansiedade em situações sociais.

2. **Exposição gradual:** envolve expor-se gradualmente a momentos sociais que provocam ansiedade ou desconforto, começando por situações menos desafiadoras e, com o tempo, aumentando o nível de dificuldade. Isso pode ajudar a reduzir a ansiedade social e desenvolver confiança. Caso sinta dificuldade de fazer sozinho, procure ajuda de um terapeuta nesse processo.

3. **Relaxamento e técnicas de respiração:** são exercícios que podem ajudar a reduzir a ansiedade e o estresse associados à timidez. Práticas como meditação, ioga e respiração profunda podem ser úteis para desenvolver habilidades de autocontrole e gerenciamento do estresse.

4. **Participação em grupos sociais:** estar presente em clubes, grupos de interesse ou eventos sociais pode ajudar a aumentar a confiança em situações sociais. Recomendo bastante fazer terapias em grupo por ser um espaço de troca autêntica entre pessoas, e que ocorre sob guia de facilitadores que ajudam a entender como nos comunicamos ou respondemos a outros. A terapia em grupo também é importante para treinar o processo de receber feedbacks e entender o impacto de sua fala ou presença em outras pessoas.

5. **Tratamento medicamentoso:** em alguns casos, medicamentos como antidepressivos ou ansiolíticos podem ser

A INTELIGÊNCIA EMOCIONAL

prescritos para ajudar a reduzir a ansiedade e a timidez. Nesses casos, você deve passar por uma avaliação psiquiátrica.

Agora, como cereja do bolo, apresento um artigo[7] da *Harvard Business Review* escrito pelo psicólogo Tomas Chamorro-Premuzic, professor de Psicologia Empresarial no University College London e na Universidade Columbia, e pelo especialista em avaliação de personalidade Michael Sanger. Na publicação, os autores recomendaram cinco passos fundamentais para aumentar a inteligência emocional, que serão muito úteis para você dentro e fora do contexto das apresentações.

1) Transforme o autoengano em autoconsciência. "A personalidade e, consequentemente, a inteligência emocional se moldam, principalmente, com base na identidade e na reputação", explica Tomas. Para muitas pessoas, há uma disparidade entre os dois, o que pode fazer com que elas ignorem qualquer feedback negativo.

A verdadeira autoconsciência, porém, consiste em ter uma visão realista dos próprios pontos fortes e fracos. E isso não vai acontecer sem um feedback preciso. Investir em avaliações baseadas em dados, como testes de personalidade e pesquisas de feedback, é uma boa solução. Perguntar às pessoas o que elas pensam sinceramente de você e encarar isso de maneira madura é outro caminho.

2) Transforme o foco em si próprio em foco nos outros. De acordo com o artigo, pessoas com níveis baixos de inteligência emocional têm dificuldade para visualizar as situações pela perspectiva dos outros, em especial quando não há escolha certa ou errada. Por isso, o professor aconselha desenvolver

· ·

7 CHAMORRO-PREMUZIC, T.; SANGER, M. How to boost your (and others') emotional intelligence. **Harvard Business Review,** 9 jan. 2017. Disponível em: https://bit.ly/emotional-intelligence-tomas. Acesso em: 24 maio 2023.

uma abordagem centrada no outro, começando com a ação de reconhecer as forças, as fraquezas e os valores de cada um.

Em um contexto de trabalho, conversas frequentes com os membros da equipe levarão a um entendimento melhor de como motivar e influenciá-los. Experimente fazer isso com mais frequência e veja como será revelador.

3) Torne a convivência gratificante. A convivência com pessoas que têm altos níveis de inteligência emocional tende a ser vista como mais recompensadora. Segundo os autores, os mais "recompensadores" tendem a ser mais cooperativos, amigáveis, confiantes e altruístas.

Por isso, é importante sempre garantir um nível apropriado de contato antes de pedir ajuda ou passar uma tarefa a alguém. Além disso, procurar compartilhar conhecimento e recursos sem expectativa de reciprocidade pode transformar o ambiente de trabalho.

4) Controle as "explosões". No universo corporativo, no ambiente de negócios e no contexto de apresentações, não é bom mostrar frustração sempre que surge um problema inesperado. Então, se você é uma pessoa que tem o que chamamos de "muita transparência emocional", é melhor buscar moderação.

Para isso, é preciso perceber quais eventos tendem a desencadear sentimentos negativos. "Detectando seus gatilhos, você consegue evitar situações estressantes e inibir as reações", explica o artigo.

5) Mostre humildade. Na carreira, e até mesmo em relação a apresentações e oratória, a autoconfiança, em certo grau, é vista como um traço inspirador. Os autores, porém, afirmam que os melhores líderes são os que agem com humildade, pois transmitem segurança aos outros.

Encontrar um equilíbrio saudável entre assertividade e modéstia, demonstrando receptividade ao feedback e capacidade de admitir erros, é uma das tarefas mais difíceis de dominar. É importante amortecer a arrogância e trabalhar a humildade.

A INTELIGÊNCIA EMOCIONAL

ADAPTAÇÃO DA COMUNICAÇÃO

"Se você falar com um homem em uma linguagem que ele compreende, isso entra na cabeça dele. Se você falar com ele em sua própria linguagem, você atinge seu coração."

Nelson Mandela

No intervalo de uma de minhas palestras, um dos participantes do evento chegou até mim e comentou: "Nossa, Shana! Como é difícil adaptar a comunicação!". Eu perguntei de imediato: "Por que você diz isso?". Então ele relatou o seguinte:

"Certa vez, eu fui convidado a falar em uma reunião sobre o lançamento de determinado produto. Iniciei apresentando os benefícios e pensei que logo conseguiria engajar as pessoas. Porém, no meio da fala, percebi que os espectadores estavam incomodados. As pessoas olhavam para o relógio, bocejavam, cruzavam os braços e sacudiam as pernas. Ainda assim, segui com a apresentação. Até que uma pessoa da plateia expressou: 'Certo, agora vai logo para o final!'. Eu fiquei desconcertado, meu rosto queimou de vergonha. Não tive outra opção a não ser pular os slides e encerrar a apresentação o mais rápido possível."

O que você acha que faltou para prender a atenção desse público? Talvez a falta de técnica para uma apresentação mais dinâmica, já que as pessoas ficaram enfadadas com o discurso. A narrativa, porém, aponta outro erro: o apresentador não soube modificar os planos, mesmo percebendo que sua fala não estava gerando conexão.

Mais de 60% dos entrevistados em minha pesquisa de mestrado citaram que a falta de feedback faz com que fiquem inseguros, constrangidos ou ansiosos, e, para tentar obter uma resposta ou envolver melhor seu público, algumas pessoas ajustam seu estilo de comunicação. O feedback é visto como essencial para o desenvolvimento pessoal e profissional de muitos entrevistados.

De fato, mudar o repertório na hora do show não é tão simples, ainda mais quando se tem pouca experiência. Mas também não é um "bicho de sete cabeças". Basicamente, é preciso estudar o público que irá assistir à sua apresentação. Algumas perguntas ajudam o planejamento:

Storyboard
Ajuda a criar a **estrutura visual** para ser mais ágil e objetivo na comunicação.

1. Quem são as **pessoas**?
2. Qual o **nível de informação** sobre o tema?
3. O que **esperam**? Quanto **tempo** eu tenho?
4. Qual é o principal **objetivo e contexto** da minha apresentação?
5. Quais são os argumentos para **contornar** as **objeções**?
6. Qual é o **melhor storytelling** para influenciar?
7. Como realizar **o fechamento**?

Fonte: Shana Wajntraub

A INTELIGÊNCIA EMOCIONAL

A capacidade de observação, que já citamos em outros pontos deste livro, também serve na hora de adaptar discursos. Por que eu gosto de chegar aos eventos horas antes? Porque isso me dá tempo de ler o ambiente e as pessoas. Eu observo como elas se comunicam, quais conversas estão tendo, que assuntos estão em pauta naquele dia, enfim, procuro encontrar elementos que podem tornar a comunicação mais *personalizada*.

Para que isso seja eficaz, é preciso se valer da *empatia*, a capacidade de se identificar com outra pessoa, de sentir o que ela sente e de querer o que ela quer. Em resumo, é se colocar no lugar dos outros. Tenho uma história sobre isso para compartilhar.

Certo dia, cheguei à casa dos meus pais e fiquei esperando minha mãe retornar de viagem. Eu estava morrendo de saudade. Enquanto a esperava com certa ansiedade, o telefone tocou. Ao atender, ouço a voz de uma tia que eu não via há bastante tempo. "Poxa, Shana! Ninguém mais me visita, nem um telefonema eu recebo de vocês!", expressou ela, dando início a um repertório de lamentações.

Se fosse antes de estudar o comportamento humano, eu diria que minha tia estava sendo muito dramática, exagerada; mas, naquele momento, respirei, pedi desculpas e marquei de ir à casa dela na semana seguinte. Então levei a conversa para outro caminho e tudo ficou bem.

Se você pensa que isso não tem a ver com o assunto que estamos tratando, digo que está enganado. O que eu fiz foi aplicar empatia, o mesmo elemento que utilizo para compreender as emoções dos públicos de minhas palestras e treinamentos.

Um rápido exercício de imaginação. Suponha que eu tenha sido chamada para palestrar sobre comunicação familiar para donas de casa. Imagine que, chegando ao local, eu encontre

A ARTE DA COMUNICAÇÃO DE IMPACTO

várias mulheres indignadas porque não recebem telefonemas ou visitas dos parentes. O uso da empatia me faria adaptar o discurso e entregar algo de acordo com as emoções delas, concorda?

Vale destacar também a importância da **naturalidade**. Afinal, não é para você ficar tenso, pensando que precisa renunciar quem é. Não é isso. Você não precisa deixar de ser você mesmo, nem deixar de agir naturalmente. Embora muitas vezes deixada de lado, a naturalidade é uma das técnicas de adaptação mais importantes. Em toda apresentação é necessário falar e agir do modo mais natural possível, pois qualquer ato não natural é detectado com facilidade, passando a imagem de um discurso artificial, robótico, sem essência.

A esta altura, você pode argumentar: "Não sei se terei tanta facilidade em adaptar minha fala". Bem, o que é que você faz todos os dias quando conversa com qualquer pessoa? Isso não seria uma forma de adaptar a sua comunicação o tempo todo? Afinal, não tem como se preparar para o que a outra pessoa vai dizer, assim, você precisa adaptar seu discurso com constância, de acordo com o que ela está falando. Por exemplo, quando conversa com amigos no WhatsApp, você relaxa e fala de maneira natural. No entanto, quando conversa com um cliente no mesmo aplicativo, a linguagem que usa é diferente. Isso é adaptação.

Adaptar a comunicação é uma capacidade inerente a todos nós. O que faz com que algumas pessoas se sobressaiam nesse aspecto é o foco dado a essa capacidade. Grandes oradores colocam atenção em desenvolver essa capacidade porque dependem dela para se destacarem.

A INTELIGÊNCIA EMOCIONAL

Lembro-me de um treinamento de comunicação ministrado para estudantes de tecnologia. Em uma das sessões com duração de três horas, encarei uma turma calada, introspectiva e pouco participativa. As dinâmicas que geralmente uso nesses treinamentos surtiram quase nenhum efeito nos participantes. Então, o que eu fiz? Adaptei a comunicação para fazê-los entrar no clima, inclusive fazendo uso da autogestão emocional e de técnicas de conexão e sintonia. No fim, deu certo.

Na verdade, são poucos os profissionais que levam a adaptação da comunicação em consideração. Dos vários palestrantes e treinadores que conheço, consigo contar nos dedos das mãos. Afirmo sem medo, porém, que os poucos que levam isso a sério têm melhores resultados. Portanto, seja um deles!

Lembrando que comunicação é sempre um jogo de mentalidade e comportamento. E o que fará a diferença é como você se prepara mentalmente até mesmo para adaptar sua comunicação. Assim como o piloto de uma companhia aérea se prepara para agir com precisão fria em uma emergência a qualquer momento, um orador deve se preparar para improvisar, se necessário.

A ARTE DA COMUNICAÇÃO DE IMPACTO

Checklist da conexão e sintonia para apresentações de impacto

- Compartilhe suas vulnerabilidades, isso tende a gerar empatia por parte do público.

- Interprete o que o público apresenta, não leia slides.

- Aprenda a usar o olhar, o sorriso e outras expressões para se conectar mais facilmente.

- Use o storytelling, a arte de contar histórias é um dos recursos mais poderosos para gerar conexão e sintonia.

- Quando possível, faça bom uso do humor; o riso é capaz de derrubar as defesas por parte do público.

Checklist da autogestão emocional

- Continue trabalhando em seu autoconhecimento, pois somente conhecendo a si mesmo é possível identificar tendências e inclinações e buscar melhorias.

- Analise seus pontos fortes e fracos, fortalecendo os fortes e corrigindo os fracos.

- Aprenda a receber um "não" sem prolongar a dor, o "não" é um forte caminho para a melhoria.

- Treine o olhar de observador para compreender a si mesmo e os outros.

- Escuta ativa: interprete o não verbal do público.

A INTELIGÊNCIA EMOCIONAL

Checklist para adaptação de sua comunicação

- Conheça bem as pessoas com que vai se conectar em suas apresentações.

- Aja naturalmente, mesmo que precise adaptar seu discurso ou mensagem de acordo com o contexto.

- Coloque sua atenção em desenvolver a capacidade de se adaptar, você depende dela para se destacar.

- Lembre-se do jogo mental: prepare-se mentalmente para adaptar sua comunicação.

- Evite ler slides.

Atividade para melhorar a sua escuta ativa

Escolha um amigo ou colega de confiança e peça para realizar uma simulação de conversa. Durante a encenação, concentre-se em praticar a escuta ativa. Depois, faça uma reflexão sobre como você aplicou a escuta ativa, destacando os momentos em que você demonstrou compreensão, fez perguntas relevantes e mostrou interesse genuíno pelo que o outro tinha a dizer.

5

O CORPO

IMAGEM

"A imagem pessoal estabelece uma percepção positiva acerca de um indivíduo. Em outras palavras, faz com que o público observe uma pessoa como autoridade em determinado tema."

Neil Patel

Recordo-me de uma história interessante que pode ser encontrada no livro *A lei do triunfo*,[8] de Napoleon Hill. O autor conta que, após a guerra, estava falido e foi forçado a começar tudo do zero. Como não podia se dar ao luxo de se conformar com a situação, teve a ideia de encontrar um investidor para um de seus projetos. A estratégia que ele elaborou para chamar a atenção desse investidor é uma verdadeira aula sobre imagem:

> Meu guarda-roupa consistia em três ternos velhos e dois uniformes de que eu não precisava mais. Sabendo muito bem que as pessoas em geral julgam um homem pela sua maneira de vestir, fui logo procurar o meu alfaiate. Felizmente ele me conhecia há muitos anos e, assim, não me julgou pela roupa que eu vestia. Se o tivesse feito, creio que teria naufragado.

> Eu tinha no bolso, por única fortuna, menos de um dólar, trocado, contudo consegui crédito para três ternos dos mais caros que já tive. Pedi também que as roupas fossem feitas sem demora. Os três ternos custaram 375 dólares.

8 HILL, N. **A lei do triunfo:** 16 lições práticas para o sucesso. São Paulo: José Olympio, 2014.

A ARTE DA COMUNICAÇÃO DE IMPACTO

Felizmente eu tinha crédito junto ao meu alfaiate, e ele não me perguntou quando pagaria por aquelas roupas tão caras. Sabia que eu podia pagar e pagaria num tempo determinado, mas estaria convencido disso? Era essa a ideia que me passava pela cabeça, e eu tinha esperança de que a pergunta não fosse feita.

Em seguida comprei em outra casa três ternos mais baratos e um enxoval completo: as melhores camisas, colarinhos, gravatas e roupas brancas. Em menos de 24 horas estava livre da guerra e com um débito de 675 dólares.

Todas as manhãs eu me vestia bem e começava a passear pela mesma rua, precisamente na mesma hora. Acontece que era justamente a hora em que um rico editor costumava passar pela mesma rua, quando ia almoçar.

Comecei a cumprimentá-lo todas as manhãs, e, às vezes, parava para conversar com ele por alguns minutos. No fim de uma semana, resolvi fazer um teste ao passar por ele, a fim de experimentar se ele passaria por mim sem falar.

Observando-o com o canto do olho, fui passando adiante, quando ele me fez parar no passeio da rua, pôs a mão no meu ombro e, olhando para mim da cabeça aos pés, expressou:

— Para um homem que acaba de deixar o uniforme, o senhor me parece muito próspero. Poder-se-ia saber quem fez os seus ternos?

— Pois não — respondi eu —, este terno foi feito especialmente para mim pela casa Wilkie & Sellery.

O CORPO

Ele quis saber de que eu me ocupava. Aquele ar de prosperidade que eu mostrava, vestindo todos os dias um terno diferente, atraiu a sua curiosidade.

E era justamente isso que eu queria.

Sacudindo as cinzas do Havana que fumava, respondi:

— Oh! Estou organizando uma nova revista que pretendo editar.

— Uma nova revista? — perguntou ele. — E como se chama?

— Chamar-se-á *Hill's Golden Rule.* — respondi.

— Não se esqueça — tornou o meu amigo editor — que eu me encarrego de impressão e distribuição de revistas. Talvez lhe possa ser útil.

Chegava o momento esperado.

E era justamente o que eu tinha em vista quando comprei os ternos. Contudo, vale a pena acentuar que essa conversa nunca teria tido lugar se o editor me tivesse visto na rua com uma roupa surrada; mostrando indícios de pobreza em todo o meu aspecto.

A muitas pessoas pode parecer absurdo que um homem em péssimas condições financeiras começasse logo por fazer uma dívida de 675 dólares somente em roupas, mas a psicologia que aí se encontra justifica-a plenamente.

A aparência de prosperidade não somente causa uma impressão favorável àqueles a quem se precisa pedir favores como também tem efeito sobre a própria pessoa.

A ARTE DA COMUNICAÇÃO DE IMPACTO

Esse exemplo prova: imagem importa!

Em geral, as pessoas fazem julgamentos pela maneira como os outros se vestem. Você pode até crer que isso não esteja certo, mas esse julgar pela aparência vem do fato de que a sociedade criou certos padrões e estereótipos que atrapalham quem não se encaixa nas regras estabelecidas. E, por isso, se seu objetivo é gerar impacto em reuniões e apresentações, sua imagem pessoal não pode ser negligenciada.

Importante: a imagem pessoal não está relacionada apenas às vestimentas. Ela também é transmitida por meio de gestos, postura e linguagem. Repare que, na narrativa de Hill, ele não apenas se vestiu bem. Ele trabalhou a autoconfiança e se comportou de modo a transmitir essa confiança ao seu potencial investidor. Chegou, inclusive, a pensar estrategicamente sobre o que e como falaria com seu investidor-alvo.

Para desenvolver esse tipo de comportamento e postura, você não precisa fingir ser quem não é. Sua imagem pessoal tem que ser trabalhada de acordo com sua personalidade, tipo de posicionamento e mensagem a ser transmitida. Claro, tudo isso deve estar alinhado ao contexto.

Em relação à vestimenta, uma das primeiras coisas que precisa definir é se você se veste para ser *notado* ou para ser *escutado*. Nenhum dos dois está errado, apenas atendem a objetivos e efeitos distintos, e isso precisa ficar bem claro em seu posicionamento.

Ser *notado* tem muito mais a ver com as imagens de *street style* das semanas de moda, em que as pessoas buscam fazer composições com roupas criativas, chamativas e de impacto, justamente para chamar a atenção e descolar fotos para o Instagram, por exemplo.

92

Agora, quando se quer ser *escutado* pelo seu público, você precisa elaborar uma estratégia diferente, pensando não só em um momento, pois você quer não só conquistar aquele público/cliente, mas também mantê-lo. Não é isso que a história usada como exemplo mostra?

SUA IMAGEM EM APRESENTAÇÕES

O figurino não é algo que deve estressar você ou ocupar muito tempo da sua preparação. O importante é usar algo com que se sinta bem e esteja conectado com a cultura do ambiente em que está inserido. É preciso atentar-se a alguns detalhes que podem melhorar ou estragar a sua apresentação.

Caso a palestra seja gravada para posterioridade ou transmitida ao vivo on-line, as dicas dadas pela figurinista do TED, Kelly Stoetzel, são muito bem-vindas: "Evite o branco (a luz pode estourar), o preto (você pode acabar parecendo uma cabeça flutuante) e estampas ou padrões muito pequenos (que podem causar uma estranha tremulação nas imagens fotográficas ou de vídeo, conhecida como efeito moiré)".[9]

Se for usar microfones auriculares (aqueles fixos no rosto), evite tudo que possa causar ruído, como barba comprida e brincos. No mesmo aspecto, no caso dos acessórios, é bom evitar aqueles que reluzem ou fazem muito barulho.

Se preferir, você pode apostar em roupas mais vibrantes em apresentações presenciais feitas em palcos. O público, assim como a câmera, adora cores fortes e vibrantes. Roupas adequadas ao seu biotipo tendem a ficar melhor do que muito

---

9 GALLO, C. **Talk like TED:** The 9 public-speaking secrets of the world's top minds. Nova York: St. Martin's Griffin, 2014.

A ARTE DA COMUNICAÇÃO DE IMPACTO

apertadas ou folgadas. Procure algo que proporcione uma boa silhueta e certifique-se de usar o tamanho que mais combina com você. No ambiente executivo, dependendo do caso, roupas menos chamativas e mais formais tendem a funcionar melhor.

Logicamente, a imagem não se resume apenas a você – o ambiente também é imagem. Antes da apresentação, identifique como está o cenário. No caso de uma transmissão on-line, preste atenção no fundo e no enquadramento. Procure organizar a sala e o cenário em que vai apresentar o evento e garanta que todos os elementos necessários estejam em mãos: água, caneta, papel, carregador do seu computador, livros que pretende mostrar ao participante etc. Dica simples (se for possível, claro): deixar o fundo mais amplo, pois traz a sensação de profundidade.

Dê atenção especial à iluminação: utilize uma fonte de luz em direção ao seu rosto, mas evite o excesso. Luz demais pode fazer você parecer um "fantasminha", enquanto pouca luz pode trazer um aspecto sombrio. Caso a apresentação seja feita durante o dia, uma prática simples é aproveitar a luz natural. No virtual, a iluminação natural também é bem-vinda, já que tende a deixar o ambiente mais agradável.

Uma boa imagem pessoal muitas vezes se resume a transmitir suas qualidades através de elementos mais visuais. E, como você pôde ver, isso não se restringe a roupas: é um conjunto capaz de gerar maior credibilidade.

Compartilho também vieses que interferem na nossa imagem:

- **Efeito halo:** um viés cognitivo em que a opinião geral de uma pessoa (por exemplo, aparência atraente ou simpatia) influencia a percepção de suas outras características. Se um palestrante for atraente e carismático, o público pode avaliar mais positivamente seu conteúdo e suas habilidades de comunicação.

94

O CORPO

- **Viés de similaridade:** as pessoas tendem a se sentir mais atraídas e influenciadas por outras que percebem como semelhantes a si mesmas. Um palestrante que compartilha características, experiências ou opiniões semelhantes às do público pode ser mais eficaz em sua comunicação.

- **Efeito de autoridade:** as pessoas tendem a dar mais crédito e serem mais influenciadas por figuras de autoridade ou especialistas em um assunto. Um palestrante com credenciais impressionantes ou conhecido por ser especialista em seu campo pode ter mais impacto no público.

Dicas práticas para garantir uma boa imagem

- Cuide sempre da sua imagem. Mesmo que participe de reuniões on-line, arrume-se como se fosse para um encontro presencial. Isso passa credibilidade e confiança para a pessoa que está do outro lado.

- Pense no público, no objetivo, no contexto e veja se a imagem pessoal está de acordo com esses elementos.

- Trabalhe em sua autoconfiança.

- Sorria! O sorriso transmite leveza em momentos oportunos.

EXPRESSÕES FACIAIS

"É mais fácil obter o que se deseja com um sorriso do que na ponta da espada."

William Shakespeare

A ARTE DA COMUNICAÇÃO DE IMPACTO

Para introduzir este tópico, apresento três cenas:

Cena 1: Em certa manhã, você abre o portão, se depara com a vizinha mal-humorada e nem cogita dizer-lhe bom-dia, pois sabe que pode ficar sem resposta ou levar uma "patada". Quando pensa no rosto dessa vizinha, como imagina a expressão do rosto dela?

Cena 2: Em um domingo à tarde, você decide ir até a pracinha da cidade para espairecer. Em cinco minutos, surge uma criança segurando um pirulito e puxa assunto com você: "Oi!", ela diz. Como imagina a expressão facial dessa pequena?

Cena 3: Você acaba de ingressar na sala de transmissão de um importante e renomado palestrante. A palestra é sobre gestão das emoções. O momento da apresentação começa e o orador saúda o público. E, agora, que expressão facial lhe vem ao imaginar o rosto do palestrante?

Ainda neste capítulo, você encontrará três imagens que representam essas cenas e poderá conferir se estão de acordo com o que imaginou...

O filósofo romano Cícero dizia que o rosto é o espelho da alma. Essa afirmação talvez venha do poder que o rosto tem de espelhar emoções. Ele não só reflete o que sentimos como o faz de maneira inconsciente e em questão de segundos. Esse reflexo chama-se expressão facial.

Podemos adotar expressões faciais de modo voluntário ou involuntário, e os mecanismos neurais responsáveis pelo controle da expressão diferem em cada caso. As expressões faciais voluntárias muitas vezes são socialmente condicionadas e conduzidas por comandos enviados ao cérebro. Por outro lado, as involuntárias são consideradas inatas e seguem um percurso no cérebro. Temos como exemplo a expressão de dor ou de choro, bem como de prazer ou de felicidade.

SUA IMAGEM PESSOAL TEM QUE SER TRABALHADA DE ACORDO COM SUA PERSONALIDADE, TIPO DE POSICIONAMENTO E MENSAGEM A SER TRANSMITIDA.

Shana Wajntraub

A ARTE DA COMUNICAÇÃO DE IMPACTO

A pergunta central, porém, que pretendo responder é: como usar as expressões faciais de modo impactante na hora de realizar apresentações?

Certa vez, atendi uma gerente executiva do setor de telecomunicações. Parte do trabalho dela se resumia a fazer reuniões e se reportar a diretores e equipes, mas seu desempenho não era dos melhores. Ela não conseguia ser atrativa e, por isso, as pessoas não prestavam atenção por muito tempo. O conteúdo era bom, a fala era boa, o tom de voz era agradável, mas faltava algo. Quando me procurou, fiz um diagnóstico e gravei a apresentação dela. Quando ela se viu na filmagem, percebeu o que faltava: expressão facial. Sua expressão era linear, neutra, morna – e isso era o que causava o desinteresse em seus ouvintes.

Depois dessa análise, mostrei o que poderia ser melhorado e propus uma série de exercícios e correções. Ela seguiu a proposta e, no fim do trabalho, já conseguia se expressar melhor. Aquela gerente executiva não se tornou a pessoa mais expressiva do mundo, mas suas apresentações com certeza ficaram mais impactantes.

Esse caso derruba um mito relacionado à oratória que é perpetuado no mundo dos negócios: o da neutralidade. Alguns acreditam que, ao subirem em um palco para uma apresentação, devem adotar uma expressão facial neutra, independentemente do que estão falando. Nada mais equivocado!

Durante uma apresentação, o comunicador precisa criar uma relação com o público, de modo que essa audiência preste atenção no que está sendo transmitido. Para que essa relação aconteça, obviamente distanciar-se do público não é o melhor caminho. Ao manter uma expressão facial neutra, levantamos um muro entre nós e quem está nos ouvindo ou assistindo.

O CORPO

O comunicador é uma pessoa como qualquer outra e não deixa de sentir emoções quando está no palco. Portanto, maquiar essas emoções com suposta neutralidade não é uma boa estratégia. Geri-las e expressá-las é o melhor a ser feito. Ao aprender a usar as expressões faciais, humanizamos nossa comunicação e despertamos a empatia do público.

O importante é que as expressões faciais estejam em sintonia com o que está sendo dito. Se o trecho em questão for alegre, por exemplo, não tenha medo de sorrir. Se, ao narrar uma cena, você se lembrar de que sentiu raiva de algo, permita-se fazer cara de raiva. Esse é o básico.

Além disso, saiba que as pessoas costumam enxergar nosso rosto a partir de dois planos: um superior, da ponta do nariz para cima, onde os olhos têm a maior expressão; e outro inferior, da ponta do nariz para baixo, onde a boca tem maior carga expressiva. É sempre interessante que haja coerência entre os dois planos para que nossa expressão facial seja harmônica.

Em relação à parte superior, é importante ter cuidado com o direcionamento do olhar. O contato visual é uma das ferramentas de comunicação mais poderosas entre duas pessoas. Por exemplo, aspectos como a taxa de piscar podem ser usados para indicar se alguém está nervoso, ou se está mentindo/brincando, no caso da piscadela.

Um conhecimento essencial para você usar tanto para se preparar quanto para identificar em seus ouvintes: contato visual representa confiança, segurança e total interesse pelo assunto. Já evitar o contato visual em geral significa dissimulação, falta de interesse ou insegurança (a pessoa também pode estar escondendo uma emoção). Agora, quando o olhar é distante, a pessoa possivelmente está refletindo acerca de outro assunto

A ARTE DA COMUNICAÇÃO DE IMPACTO

e não está ouvindo. Já quando esfrega os olhos, isso pode indicar cansaço, tédio e/ou dúvida. E se o indivíduo estiver olhando muito ao redor, pode estar ansioso, distraído, desinteressado ou desconfortável.

Em relação à parte inferior, o primordial é explorar o sorriso. Você sabia que pessoas felizes são em média 31% mais produtivas, vendem 37% a mais e são três vezes mais criativas? Isso foi comprovado em uma pesquisa realizada pela Universidade da Califórnia. O sorriso é uma excelente expressão facial, funcionando como um elemento de comunicação poderoso. Um sorriso natural estimula em nosso interlocutor uma satisfação natural, que se contagia, motivado pelos chamados neurônios-espelho (imitação mental das ações que observamos). Quando usado de maneira estratégica em reuniões e apresentações, isso pode garantir um grande impacto.

Aliás, vale destacar que já fui salva pelo poder do sorriso. Em um evento corporativo, fui convidada a conceder uma entrevista on-line a uma emissora de televisão. No momento da fala, surgiu um problema técnico: eu não conseguia ver a entrevistadora, só ela a mim, eu apenas a ouvia. Na hora eu só pensei em sorrir e manter o olhar direcionado para a câmera do computador. A entrevista seguiu bem.

Imagine se eu tivesse ficado nervosa e me desesperasse. Eu não passaria uma boa impressão e talvez tivesse fechado uma porta. São atitudes simples como essa que podem fazer toda a diferença. Por isso, em qualquer situação, procure manter a calma e sorrir.

Ah, lembra-se das cenas listadas na página 96? Seguem as três expressões faciais que combinam com os contextos:

CONTATO VISUAL REPRESENTA CONFIANÇA, SEGURANÇA E TOTAL INTERESSE PELO ASSUNTO.

Shana Wajntraub

A ARTE DA COMUNICAÇÃO DE IMPACTO

CENA 1   CENA 2   CENA 3

POSTURA CORPORAL

"Está cientificamente comprovado que manter posturas 'de poder' aumenta a autoconfiança e garante tranquilidade para se conectar com as pessoas que você quer impressionar."

Amy Cuddy

Também das minhas experiências como consultora: atendi um executivo que, durante as apresentações on-line, escorregava na cadeira até seu rosto ficar desenquadrado da câmera. Essa postura, inconsciente da parte dele, tende a passar a ideia

O CORPO

de insegurança. Afinal, a pessoa se apequena, parece estar se escondendo ou evitando algo. Trabalhei a consciência desse cliente para que ele evitasse o erro e mantivesse uma postura mais adequada. Simples correções como essa são essenciais quando se trata de linguagem não verbal.

Por meio da linguagem não falada é possível identificar, muitas vezes, o que uma mensagem realmente quer passar, mesmo que a pessoa esteja dizendo outra coisa. Contudo, também podemos acabar transmitindo a mensagem errada por meio de uma linguagem corporal inadequada.

A linguagem corporal contribui para a credibilidade de uma mensagem. Bons comunicadores podem até dominar o assunto, mas, se não adotarem a postura, os gestos, a conexão visual e a entonação de voz adequados, podem colocar tudo a perder.

Por mais que pareça simples, dominar a linguagem corporal exige estudo e preparo. E, como não é possível esgotar o assunto em poucas páginas, vamos nos ater à postura corporal e conferir como podemos usá-la de modo eficaz em nossas comunicações.

Princípio básico: assim como nas expressões faciais e na imagem, a postura também pode demonstrar o estado emocional de quem está se comunicando. Uma pessoa insegura, por exemplo, tende a fechar o corpo buscando não aparecer. Para evitar isso, abra a guarda e deixe a postura aberta. Assim, você transmite mais confiança ao seu público, mesmo que em um nível inconsciente.

Tenha cuidado para não cruzar os braços sobre o corpo ou colocar as mãos no bolso, o que passa insegura e despreparo. Evite cruzar as pernas e não se inclinar contra a parede. A ideia é manter os membros abertos naturalmente para demonstrar que você é uma pessoa confiante. Sua mensagem tende a ser

A ARTE DA COMUNICAÇÃO DE IMPACTO

mais bem recebida pelos interlocutores quando você se comporta assim.

No caso das apresentações presenciais, procure usar o palco para aproveitar ao máximo a expressão corporal. Não cometa o erro básico de ficar em um único local, mesmo que seja atrás de um púlpito ou qualquer outro ponto de apoio. Em vez disso, ande livremente ao redor do palco e desfrute do espaço possível, sempre de modo natural. Aliás, isso facilita que sua voz seja projetada de maneiras diferentes.

Suas mãos também são excelentes recursos de comunicação. Por isso, procure envolver mais as mãos durante a apresentação, a fim de fortalecer seus pontos e envolver mais o público. Alguns truques básicos: aponte o dedo para a palma da mão para conduzir seus pontos-chave; abra as mãos para demonstrar incerteza ou sugerir a participação de seus interlocutores; para quantificar algo, movimente as mãos na vertical; para sugerir uma sequência de ideias, movimente na horizontal. Enfim, os gestos podem ser ilimitados, apenas evite gesticular em excesso, pois isso fará com que você pareça nervoso ou até mesmo despreparado.

Por fim, erga-se! Isso mesmo que você leu. Maya Angelou, autora estadunidense, escreveu: "Erga-se e perceba quem você é, que você está acima de suas circunstâncias". É disso que estamos falando aqui. Amy Cuddy, professora da Harvard Business School, nos ajuda a entender. Em uma de suas palestras para o TED, ela inicia a explanação sugerindo aos presentes que mudem a postura. Alguns estavam com as pernas cruzadas, encurvados, corcundas, quase deitados nas cadeiras, mas imediatamente corrigiram a postura. Ela explica a importância disso: "Aprender a ajustar o corpo muda a maneira como a sua vida se desenrola".

BONS COMUNICADORES PODEM ATÉ DOMINAR O ASSUNTO, MAS, SE NÃO ADOTAREM A POSTURA, OS GESTOS, A CONEXÃO VISUAL E A ENTONAÇÃO DE VOZ ADEQUADOS, PODEM COLOCAR TUDO A PERDER.

Shana Wajntraub

A ARTE DA COMUNICAÇÃO DE IMPACTO

Em seu livro, *O poder da presença*, Amy narra:

> Estou sentada junto ao balcão da minha cafeteria favorita em Boston, laptop aberto, escrevendo. Pedi café e um muffin. A atendente jovem, de cabelos escuros, sorriso largo e óculos, fez uma pausa e falou: "Só queria dizer que a sua palestra no TED significou muito para mim e que me inspirou. Alguns anos atrás, um professor meu a divulgou durante a aula na universidade. Agora estou me matriculando na faculdade de Medicina e só quero que você saiba que me ergui no banheiro igual à Mulher-Maravilha antes das provas de admissão e aquilo realmente ajudou".[10]

Esse exercício a que ela se refere você também pode testar. Aliás, podemos chamá-lo de "performance de super-herói". Funciona assim: antes de começar uma apresentação, tire um tempo para ir ao banheiro, tranque-se no escritório, camarim ou em outro lugar reservado. Fique em pé com o peito aberto e respire fundo; ou então coloque as mãos nos quadris com os cotovelos arqueados; ou levante os braços acima da cabeça como em uma pose de vitória (essa é a pose de Mulher-Maravilha). O importante é erguer-se. Manter essa postura por alguns minutos antes de uma grande apresentação fará com que se sinta mais confiante de maneira natural, algo que influenciará positivamente sua apresentação.

Amy Cuddy acredita que as habilidades de comunicação eficazes envolvem não apenas comunicação verbal, mas também sinais não verbais e a capacidade de estar totalmente presente em nossas interações com os outros. Ao prestar atenção à

---

10 CUDDY, A. **O poder da presença:** como a linguagem corporal pode ajudar você a aumentar sua autoconfiança. Rio de Janeiro: Sextante, 2016.

O CORPO

comunicação verbal e não verbal, podemos nos tornar comunicadores mais eficazes e construir conexões mais fortes com as pessoas ao nosso redor. As pesquisas de Cuddy sugerem que podemos usar a linguagem corporal para aumentar nossa confiança, mesmo quando não nos sentimos confiantes. Ao praticar poses de poder e outras técnicas, podemos começar a construir confiança e competência reais ao longo do tempo.

Checklist de imagem para apresentações de impacto

- Desenvolva sua autoconfiança e comporte-se de modo a transmitir essa confiança ao público.

- Trabalhe sua imagem pessoal de acordo com sua personalidade, biotipo, tipo de posicionamento e mensagem a ser transmitida.

- Defina se quer se vestir para ser notado ou ouvido, isso faz toda a diferença.

- Pense no figurino, sempre considerando o tipo de apresentação e público: ao vivo, on-line, para executivos ou estudantes etc.

Checklist das expressões faciais em apresentações

- Parte superior do rosto: olhe no olho, expresse-se pelo olhar.

- Parte inferior do rosto: aposte no poder da dicção e do sorriso.

- Evite a neutralidade ao falar.

- Procure ser natural ao expressar sentimentos.

A ARTE DA COMUNICAÇÃO DE IMPACTO

Checklist de expressão corporal

- Demonstre confiança, abra a guarda e deixe a postura aberta.

- Evite cruzar os braços na frente do corpo ou colocar as mãos no bolso, isso passa insegura e despreparo.

- Em apresentações presenciais, aproveite o espaço do palco, circulando sempre de modo natural.

- Procure usar as mãos para expressar ideias e sentimentos.

- Erga-se! Use a performance de super-herói.

AO PRATICAR
POSES DE PODER E
OUTRAS TÉCNICAS,
PODEMOS COMEÇAR A
CONSTRUIR CONFIANÇA
E COMPETÊNCIA REAIS
AO LONGO DO TEMPO.

Shana Wajntraub

6

VOZ, FALA E CONTEÚDO

> "Eu teria escrito uma carta mais curta,
> mas não tive tempo."
>
> Blaise Pascal

Este capítulo funcionará como um guia à parte sobre apresentações de sucesso. Falaremos aqui sobre o planejamento necessário para preparar o conteúdo e gerar o impacto desejado. Não se engane: por trás de uma boa apresentação, existe muita preparação, e, nesta última parte do método, vamos falar tudo a respeito disso! Chegou o momento de conversar sobre planejamento estratégico, storytelling, dicção, fala e voz, pausa e assertividade.

PLANEJAMENTO ESTRATÉGICO

> "Feita da maneira certa, uma apresentação é capaz de eletrizar um auditório e transformar a visão de mundo da plateia – seu impacto pode ser mais poderoso que o de qualquer informação escrita."
>
> Chris Anderson
> Presidente do TED

Antes de tudo, é importante antecipar o sucesso de sua apresentação. E como se faz isso? Bem, podemos tratar do assunto de duas maneiras, uma psicológica e outra técnica.

A psicológica se resume a *predispor a mente para o sucesso*. Uma vez que já passou pelos capítulos anteriores, acredito que você já tenha "abraçado" o objetivo de aumentar sua autoconfiança para uma comunicação mais eficiente. Uma das maiores limitações observadas na minha pesquisa de mestrado foram a insegurança e o medo, que podem ter impacto significativo na vida de uma pessoa, limitando seu potencial e dificultando a capacidade de atingir seus objetivos. Aproximadamente 90% dos entrevistados mencionaram a insegurança ou o medo como limitação, com alguns exemplos específicos como procrastinação, falta de energia, risco à imagem, falhas de comunicação, ansiedade e baixa autoestima.

Então, a partir de hoje, pense apenas positivamente quanto às suas chances de obter êxito em cada apresentação. É preciso desenvolver otimismo prévio sobre os resultados de seus esforços no sentido de falar perante o público. Por isso, você tem que trabalhar sua determinação em todas as ações que dedicar ao desenvolvimento dessa capacidade. E isso deve se repetir todas as vezes que houver uma nova apresentação em vista, seja uma reunião, palestra ou treinamento.

Em relação à parte técnica, é fundamental *afiar o machado*. Há uma frase atribuída a Abraham Lincoln que diz: "Dê-me seis horas para cortar uma árvore e eu vou gastar as quatro primeiras afiando o machado". Adaptando-a ao nosso contexto, seria: "Dê-me uma hora para fazer uma apresentação e eu passarei cinco dias me preparando". Um segundo pensamento vem de Benjamin Franklin: "Se você falha em planejar, está planejando falhar". E, por fim, um pensamento de Elmer Letterman: "Sorte é o que acontece quando a preparação encontra a oportunidade". Pegou a ideia? Então, mãos à obra!

O INÍCIO DO PLANEJAMENTO DA SUA APRESENTAÇÃO

Para ser bem-sucedido em uma apresentação, basicamente você precisa de um *roteiro*. Esse tipo de ferramenta permite organizar melhor os tópicos e o tempo a ser utilizado, deixando sua fala mais dinâmica. Com isso, você será capaz de entregar um conteúdo de qualidade com mais segurança. Mas o que inserir nesse roteiro?

VOZ, FALA E CONTEÚDO

Primeiro, é necessário ter bem claro quem é o seu *público* e identificar o que ele espera. Conhecer o seu público é fundamental para criar uma boa apresentação. Sem a satisfação das pessoas que irão ouvi-lo e assisti-lo, não há sucesso. Por isso é importante se antecipar a respeito do que as pessoas buscam. Ao falar sobre os resultados expressivos de empresas gigantes, os autores Bill Thomas e Jeff Tobe destacam a importância de saber o que o público quer antes mesmo que ele perceba:

> O que empresas como Apple, Amazon e Facebook têm em comum? Elas sabem o que o público quer antes mesmo que ele perceba. Existe hoje uma grande questão para qualquer empresa: o que o cliente quer? O que querem os parceiros de negócios, os chefes, os compradores, enfim, todos os clientes com os quais lidamos no dia a dia profissional? Mas muito melhor do que saber o que o cliente quer é simplesmente prever o que ele ainda vai querer. Antecipar os desejos do público é o grande sonho de todo empreendedor.[11]

Com apresentações não é diferente. E algo semelhante é confirmado por Tim Calkins, autor de livros sobre apresentações de negócios, professor de marketing e consultor: "Você deve realmente gastar seu tempo antes da reunião pensando em seu público, desenvolvendo uma recomendação clara e encontrando uma história clara e lógica".

Então, o primeiro ponto de seu roteiro de apresentação é o diagnóstico do seu público. Baseie-se nas perguntas do *storyboard* que foram explicitadas anteriormente:

- Quem são as pessoas?
- Qual o nível de informação sobre o tema?

---

[11] THOMAS, B.; TOBE, J. **O poder da antecipação**: como saber o que seu cliente quer antes dele mesmo. São Paulo: Gente, 2013.

A ARTE DA COMUNICAÇÃO DE IMPACTO

- O que esperam? Quanto tempo eu tenho?
- Qual é o principal objetivo e contexto da minha apresentação?
- Quais são os argumentos para contornar as objeções?
- Qual é o melhor storytelling para influenciar?
- Como realizar o fechamento?

É com isso em mente que você desenvolverá sua apresentação, fazendo com que seu conteúdo seja apresentado de modo claro, com informações completas para o público. A sua apresentação deverá responder às questões: por quê? Como? O quê? Para quê? Quando? Onde?

É importante também colocar na introdução do seu roteiro a linha mestra, que é o fio condutor da mensagem. Nas palavras de Barry Schwartz: "Podemos pensar na linha mestra como um cabo forte, ao qual você vai prender todos os elementos da ideia que está desenvolvendo". Por essa lógica, o conselho é que você a descreva usando não mais que quinze linhas do roteiro.

Uma linha mestra exige, principalmente, que você identifique uma ideia que possa ser exposta de maneira adequada no tempo disponível. Em seguida, é necessário construir uma estrutura que ligue todos os elementos da palestra a essa ideia.

Exemplo de linha mestra

A: "Eu gostaria de compartilhar com vocês algumas experiências que vivi durante a viagem que fiz recentemente à Cidade do Cabo, depois fazer algumas observações sobre a vida na estrada."

B: "Em minha recente viagem à Cidade do Cabo, aprendi algo novo com relação a estranhos: quando se pode confiar neles e quando não se pode fazer isso de jeito nenhum. Quero dividir com vocês duas experiências muito distintas que vivi."

Fonte: GALLO, C. **TED**: falar, convencer, emocionar. São Paulo: Benvirá, 2013.

PLANEJAMENTO: SEU FAROL, MESMO COM IMPREVISTOS.

Shana Wajntraub

Uma metáfora valiosa: imagine que sua apresentação é uma viagem que você e seu público fazem juntos. Nesse cenário, você é o guia turístico que levará todos a explorar novos caminhos. Para que essa experiência seja boa, é necessário começar a jornada pelo local em que a plateia já está (algo que você descobre no trabalho de entendimento do público).

A viagem deve ser atrativa, por isso, é preciso seduzir o público e fazê-lo desejar seguir viagem com você (nesse caso, os capítulos posteriores vão ajudar). Ninguém vai embarcar se você não conseguir ser um guia confiável e se não conquistar os viajantes.

Quando há um destino traçado, a plateia sente muito mais facilidade de acompanhá-lo no trajeto. Dessa maneira, evite saltos impossíveis e mudanças inexplicáveis durante o percurso. O sucesso aqui depende de quão bem o caminho está traçado (essa será sua linha mestra).

Toda apresentação precisa de um mapeamento – uma ideia de onde vai partir, por quais lugares vai passar e até onde vai chegar. Ter esse conhecimento gera confiança e deixa o caminho mais tranquilo.

Atente-se também ao fato de que ninguém gosta de experiências corridas e esquecíveis, pois em nada acrescentam. Aproveite seu tempo destacando os pontos mais importantes da sua ideia. Para tanto, você pode selecionar alguns gatilhos para usar nos momentos certos e interagir com o público. Falaremos mais disso ao longo do capítulo.

IMAGEM E LINGUAGEM: O CASAMENTO TEM QUE SER PERFEITO

É essencial também que os elementos visuais e a linguagem utilizada por você tenham a ver com o seu público e, por conseguinte, com a sua apresentação.

VOZ, FALA E CONTEÚDO

Em relação aos elementos visuais, eles vão reforçar o nível informativo e servir de apelo estético. Portanto, não utilize recursos visuais se eles não vão lhe beneficiar em uma dessas duas coisas. Também não exagere neles a ponto de "errar a mão" e transformar algo benéfico em negativo.

Lembre-se de que o recurso é visual, portanto, deve ser esteticamente bonito, seguindo padrões básicos de design, e facilmente visível. Os slides são ideais quando se quer mostrar ou ilustrar algo com imagens por não ser possível fazer isso com palavras. Nesse caso, as imagens podem ser explicativas, dando apoio à fala. É importante mesclar e integrar a fala e os slides, para que ambos se comuniquem de modo compreensível com o público.

Uma dica é apostar em apresentações mais *clean*, em vez de comprimir várias informações em um só slide. Novamente, estamos falando de recurso visual. Deve ser atrativo e ilustrativo, o que não acontece se você encher a tela de informação, texto ou imagens. Cuide também para não repetir o conteúdo do slide na sua fala e vice-versa, tanto um quanto outro devem ser complementares, não cópias.

Outras sugestões para compor slides de impacto são:

- Cores: criando contraste no que mais precisa ser visto ou visto primeiro.
- Tamanho de fonte: aumentando textos mais importantes.
- Limpeza: evite excesso de informações ou muitas texturas que deturpam a atenção.

Em relação à linguagem, é importante destacar que o domínio do idioma jamais pode ser negligenciado. As palavras, sejam faladas ou escritas, precisam ser usadas da maneira correta e as frases devem ser sucintas, com começo, meio e fim. É fato que o universo digital trouxe alguns termos ou abreviações, como "vc", "blz" e "gnt", que muitas vezes agilizam nossa escrita e cumprem seu papel, mas

A ARTE DA COMUNICAÇÃO DE IMPACTO

que ao mesmo tempo podem dificultar o entendimento do que você está tentando comunicar. Você não precisa ser um Machado de Assis ou um professor Pasquale, mas deve falar e escrever corretamente.

Muitas pessoas optam por decorar o conteúdo da apresentação. Não existe certo e errado nesse caso, mas sugiro não decorar fala por fala. Afinal, o roteiro é apenas um norte, não algo a ser seguido de modo mecânico. Isso prejudicará a espontaneidade, que é muito importante para o desempenho em apresentações. Uma dica é decorar os tópicos para não se perder. Uma outra sugestão é praticar o roteiro em voz alta. Isso o ajudará a identificar ideias, dados ou histórias irrelevantes, além de transições desconexas. Ensaie em frente ao espelho ou filme-se, utilizando o celular. Grave, revise e envie para pessoas da sua confiança para avaliarem sua desenvoltura.

Uma coisa é certa: independentemente de se decidir por decorar os tópicos ou falar de modo mais espontâneo, é necessário um longo processo de treino e desenvolvimento. Tudo isso serve para identificar os pontos positivos e aqueles a serem melhorados.

Essa preparação servirá também para identificar qual jeito funciona melhor para você. No fim, o importante é que se sinta à vontade e confiante, fazendo sua apresentação de maneira que lhe permita focar o assunto que o motiva e entusiasma.

De maneira geral, em uma apresentação on-line, você tem duas opções:

1. Escrever toda a palestra, como um roteiro completo, para ler durante a apresentação.

2. Ter uma estrutura claramente desenvolvida e falar na hora sobre os pontos a tratar.

Não estamos falando de duas maneiras de fazer uma apresentação, mas de duas formas de construí-la. Para quem opta pela

VOZ, FALA E CONTEÚDO

roteirização, a principal vantagem é ter melhor controle do tempo e de como fazer uso dele. No entanto, é preciso cuidado, pois o texto lido pode às vezes parecer monótono e não causar impacto no público. Por isso, o palestrante deve encontrar maneiras de quebrar a noção de que o texto foi decorado e deixar a fala mais dinâmica.

Chris Anderson faz a metáfora do *Vale da Estranheza*, obstáculo enfrentado por aqueles que decidem decorar a fala. Na visão dele, há um momento em que o texto está quase decorado, mas ainda não parece natural ou interessante quando expressado, e é nesse momento que muitos tendem a desistir da ideia, pois parece não estar surtindo o resultado esperado.[12] É preciso ter paciência nesse caso.

Se insistir no processo de memorização, depois de uma semana, você vai observar uma mudança animadora. De uma hora para outra, passará a conhecer a palestra de verdade. E fará isso tão bem que se lembrará dela sem qualquer esforço. De repente, você se tornará capaz de usar sua atenção consciente para se concentrar na expressividade das palavras e fazer o show acontecer.

Agora, se optar por uma apresentação não roteirizada, existem diversas opções, desde as totalmente improvisadas (pouco recomendadas, principalmente aos menos experientes) àquelas ensaiadas e preparadas em tópicos bem detalhados. Nesse caso, há os principais riscos: esquecer termos específicos no meio da fala, esquecer tópicos importantes ou perder a noção do tempo e terminar antes ou excedê-lo. Há o lado positivo, porém: a fala se torna mais espontânea.

É importante entender que não roteirizar não significa que a preparação é desnecessária. A preparação exigida é a mesma, o que muda é a maneira de apresentar.

· ·

12 ANDERSON, C. *op. cit.*

ASSERTIVIDADE

"A natureza deu-nos somente uma boca, mas duas orelhas, de modo que nós devemos falar menos e escutar mais."

Zenão de Cítio

Você se considera uma pessoa assertiva? Tem ideia de como isso pode influenciar na qualidade de sua comunicação?

Assertividade é a habilidade social de fazer afirmação dos próprios direitos e expressar pensamentos, sentimentos e crenças de maneira direta, clara, honesta e apropriada ao contexto.

Grande parte dos problemas no meio corporativo advém de falhas ou ruídos na comunicação. Não à toa, cada vez mais empresas estão valorizando profissionais que desenvolvem boa capacidade de comunicação assertiva.

Alguns podem associar essa comunicação assertiva com "encontrar palavras bonitas e difíceis" ou "ser eloquente na hora do discurso". No entanto, é mais simples que isso: para se comunicar de maneira assertiva, é preciso falar o que o outro quer ouvir, sem deixar de lado a mensagem que pretende passar.

Um ponto importante que ajuda muito nisso é a escuta ativa. Quando tenho uma apresentação presencial para fazer, gosto de chegar pelo menos uma hora antes para me preparar, testar os equipamentos que serão utilizados durante a palestra e também para fazer o uso da escuta ativa. E como faço isso? Apenas observando as pessoas presentes e prestando atenção nas conversas. Isso sempre me traz insights que podem ser utilizados na hora da apresentação.

ASSERTIVIDADE É A HABILIDADE SOCIAL DE FAZER AFIRMAÇÃO DOS PRÓPRIOS DIREITOS E EXPRESSAR PENSAMENTOS, SENTIMENTOS E CRENÇAS DE MANEIRA DIRETA, CLARA, HONESTA E APROPRIADA AO CONTEXTO.

Shana Wajntraub

A ARTE DA COMUNICAÇÃO DE IMPACTO

Em meu estudo de mestrado, 78,12% dos entrevistados disseram acreditar que existe uma linha tênue entre confiança e arrogância na comunicação. E, dentre as estratégias mais citadas para evitar a arrogância, eles mencionaram ser mais humilde, usar a escuta ativa, empatia, conexão, assertividade, respeito, tom de voz agradável e adequado e a linguagem não verbal.

Faço algo semelhante antes das apresentações on-line. Interajo com as pessoas previamente, pedindo que se apresentem e contem sobre o que mais gostam e o que fazem. Durante os relatos, procuro perceber melhor o outro e, quando chega o momento de me apresentar, uso tais informações para gerar mais conexão com o público.

E se a assertividade é você falar o que as pessoas querem ouvir aliado àquilo que você tem para dizer – ou seja, é o cruzamento entre o que tem para ser dito e o que a pessoa deseja ouvir –, é importante praticar a perceptividade. Significa perceber no que o outro tem interesse, a fim de ser mais certeiro no discurso. Isso pode ser feito na etapa do planejamento que antecede uma apresentação, que expliquei anteriormente.

Claro, comunicar-se com assertividade também se entrelaça com adaptatividade. É comum haver mudanças na hora da apresentação. E, mesmo que você se prepare muito, tudo pode mudar. Quantas reuniões a gente planeja, mas acabam mudando em cima da hora? Faz parte do processo, e é bom estar preparado.

Outra palavra-chave é "flexibilidade". Algumas vezes você não vai falar nada e vai ser ótimo. Em outras, ficar quieto ou inserir pausas estratégicas é o que vai determinar o resultado. Com o tempo, você vai perceber que algumas pessoas querem saber só de um ponto específico, em vez de mais detalhes sobre tal assunto, entre outros aprendizados. Em todo o caso, flexibilizar-se é importante.

Outro pilar da comunicação assertiva é a objetividade. Nesse caso, vou apresentar um exemplo de comunicação assertiva usando uma conversa de WhatsApp. Veja a diferença entre uma mensagem fraca, subjetiva e parcial e uma que é assertiva, objetiva e clara:

VOZ, FALA E CONTEÚDO

WHATSAPP

PICADA

Olá, boa tarde!

Boa tarde!

Me passa o relatório?

Qual relatório?

O relatório de vendas consolidado

Você quer de qual período e de qual canal de vendas?

Eu quero do último mês, das franquias

Certo. Qual é o prazo de entrega?

COMPLETA

Boa tarde, João!

Preciso que envie no meu e-mail, até as 17h de hoje, o relatório de fechamento de agosto contendo o faturamento por cliente e número de vendas por consultor conforme alinhamos por ligação.

Além disso, me manda aqui no WhatsApp a planilha de custos extras que pedi para hoje mais cedo, por favor.

Qualquer dúvida, estou disponível.

Vamos acelerar!

Boa tarde!

Vou providenciar o relatório e estou te enviando a planilha neste momento.

Percebeu a diferença?

Certa vez, presenciei a seguinte cena: durante uma explanação para colaboradores de uma empresa de grande porte, uma executiva falava se estendendo muito e trazendo detalhes que os ali presentes não tinham interesse em saber. Reparei que os participantes ficaram olhando para o relógio, demonstrando total desinteresse. Nesse caso específico, faltaram essas qualidades que listei. Por exemplo, *perceptividade*. Se a executiva tivesse percebido melhor os presentes, poderia se *adaptar* e *flexibilizar* o discurso, tornando a mensagem mais *objetiva*.

Experimente usar essas qualidades em sua próxima apresentação e depois me conte o resultado!

STORYTELLING

"Contar histórias é o primeiro e principal método de transmissão de conhecimento da humanidade. A novidade não é o storytelling em si, mas suas formas de uso, com metodologias claras e técnicas que possam ser aplicadas pelos mais diversos profissionais."

Martha Terenzzo

Imagine que você encontra uma máquina do tempo capaz de levá-lo a qualquer lugar, em qualquer época da história. Depois de refletir por alguns minutos, acaba decidindo ir diretamente a um período muito remoto. Você programa a máquina, decola e, em poucos minutos, aterrissa.

Em silêncio, sai e começa a observar o local. O cenário é ermo, uma espécie de savana, com árvores e arbustos diferentes de

VOZ, FALA E CONTEÚDO

todos que você já viu. E, antes que possa tocar em alguma dessas plantas, você é atraído por ruídos. Então, identifica uma movimentação a alguns metros e segue naquela direção.

Depois de alguns passos, você avista um grupo reunido em volta do fogo. As figuras sentadas em roda acompanham atentamente os movimentos de um homem, em pé, que você deduz ser o líder da tribo.

Você foca o narrador. Ele segura uma arma feita de ossos, enquanto conta uma história usando sons e expressões que não se assemelham a nenhum dos idiomas que você conhece. São apenas grunhidos, mas pelos gestos você entende que se trata de uma narrativa de sobrevivência.

O narrador sobreviveu a uma espécie de batalha com uma fera, talvez, um mamute. Você é tomado pela sensação de fascínio. Sem emitir uma só palavra, o ser primitivo conseguiu transmitir uma história contendo personagens, conflito e transformação.

A cena que acabei de narrar traz luz sobre uma informação unânime entre especialistas: o ato de contar histórias é uma das mais antigas expressões do ser humano. Craig Davis, ex-CEO da JWT Worldwide, publicou:

> Há centenas de milhares de anos, quando o *Homo sapiens* aprendeu a falar, começou a se reunir em volta das fogueiras para contar histórias. Há oitenta anos, quando o rádio era a maior novidade, homens e mulheres reuniam-se ao redor de grandes receptores de rádio para ouvir histórias. Há cinquenta anos, quando as televisões eram pequenas telinhas incrustadas em uma enorme caixa, os vizinhos se reuniam para ouvir histórias.

Desde pequenos, temos conhecimento de histórias que nos foram contadas por nossos pais e pelos pais de nossos pais, por exemplo.

A ARTE DA COMUNICAÇÃO DE IMPACTO

Da religião à educação, da mídia informativa ao entretenimento, da família ao trabalho, tudo é movido por histórias. "Os seres humanos não são idealmente criados para entender a lógica; eles são idealmente configurados para entender histórias", afirmou Roger C. Schank, CEO da Socratic Arts. Já o autor Richard Krevolin registrou que: "As histórias são as melhores ferramentas inspiracionais, motivacionais e instrucionais (...), somos fisiologicamente programados para acolher histórias, e geneticamente programados para aprender através delas".

"O ato de transmitir eventos na forma de palavras, imagens e sons." Essa é a definição mais comum de storytelling. Outros o tratam simplesmente como "a arte de contar histórias". Uma coisa é certa: esse ato, ou arte, forma uma das mais poderosas ferramentas de comunicação. Se eu pudesse escolher uma entre tantas técnicas de apresentação para usar pelo resto da vida, certamente escolheria o storytelling.

JORNADA DO HERÓI

Agora que você já sabe sobre o poder único de contar histórias, podemos entrar em uma parte mais técnica e, ao mesmo tempo, inspiracional.

O antropólogo e professor Joseph Campbell deixou claro em sua obra a importância das histórias para a psique humana. Sobretudo histórias de heróis, pois nos moldam e ensinam valores e virtudes. Ao nos identificarmos com o herói, entendemos os sofrimentos deles e como podemos superar nossos próprios desafios. Por isso, uma das estruturas de storytelling mais utilizadas é a *jornada do herói* (ou monomito) – uma concepção cíclica presente em narrativas mitológicas –, conceito criado por Campbell.

Esse pesquisador, exímio estudioso da escrita, possibilitou o entendimento da *narratologia*, a ciência da narrativa. Seu livro, *O herói de mil faces*, publicado originalmente em 1949, é um divisor de águas na arte de contar histórias.

DA RELIGIÃO À EDUCAÇÃO, DA MÍDIA INFORMATIVA AO ENTRETENIMENTO, DA FAMÍLIA AO TRABALHO, TUDO É MOVIDO POR HISTÓRIAS.

Shana Wajntraub

A ARTE DA COMUNICAÇÃO DE IMPACTO

Anteriormente usada em romances e obras de aventura, a jornada do herói também se tornou essencial na hora de contar a história de uma marca. Isso porque, assim como em outras formas de narrativa, a presença de um personagem é fundamental. Quando colocado em prática, esse modelo de narrativa leva o leitor a se conectar mais facilmente à história, percebendo uma sintonia entre sua pessoa e o personagem central da trama.

Conceitualmente, o processo se divide em três partes:

1. Chamado: a etapa que mostra o herói aspirando sua jornada.

2. Iniciação: parte do enredo formada por diversas aventuras vividas pelo herói ao longo do caminho.

3. Retorno: o momento em que o herói volta para casa com experiência, conhecimento e os poderes que adquiriu durante a aventura.

Chamado, iniciação e retorno. É possível inserir as mais diversas narrativas dentro dessa estrutura e, com isso, tornar a mensagem ainda mais fascinante. Um exemplo:

Enredo: palestrante da área de negócios conta como se tornou empreendedor.

Chamada: "Eu trabalhava em regime CLT ganhando um salário mínimo. Vivia insatisfeito e sem dinheiro. Em um belo dia, tive a ideia de criar algo que me trouxesse uma renda extra."

Iniciação: "Comecei cheio de gás, animado e motivado. Abri meu primeiro carrinho de cachorro-quente. No primeiro mês, porém, percebi que não era como eu pensava..." (continua contando sua aventura, passando pela quebra do negócio, desânimo etc).

Retorno: "Pensei em desistir várias vezes, mas algo me impulsionava a continuar insistindo. Hoje sou dono da maior rede de cachorro-quente prensado do Brasil. Descobri como se faz..."

VOZ, FALA E CONTEÚDO

Esses três pilares são a jornada resumida. Existe também o que chamamos de os "Doze estágios da jornada do herói", que são etapas mais específicas que formam o enredo em sua totalidade. Confira a imagem a seguir:

Fonte: Shana Wajntraub

É importante destacar que nem sempre os estágios serão seguidos à risca, podendo ser adaptados de acordo com o tipo da história.

No entanto, é fundamental conhecê-los e aprender o que cada está-gio representa na hora de criar uma narrativa que conquiste pessoas.

Há outras boas opções para se contar uma história, além da jornada do herói. Vamos dar uma olhada em algumas?

ARCO NARRATIVO DE DANA NORRIS

O arco narrativo de Dana Norris, comediante e especialista em narrativas não ficcionais, é muito eficaz para a construção de boas narrativas. De acordo com a autora de Storytelling *na prática*: "O arco narrativo é a base de todas as histórias do mundo".[13] Eis a estrutura proposta por ela:

Início: Aqui estabelecemos nosso cenário. O início de uma história é a normalidade, quando as coisas começam. "Você acabou de ser transferido para uma nova universidade."

A introdução do problema: Um problema ocorre e devemos partir em busca de uma solução. "Você não tem nenhum amigo e está solitário."

A tentativa fracassada: Uma ou mais soluções para o problema são infrutíferas. "Você vai a uma seletiva de grupo de improvisação para conhecer pessoas, mas percebe que não quer ser amigo de ninguém ali."

A solução: Esse é o momento em que o problema está finalmente resolvido. "Você vê a improvisação de Mark, acha que ele é muito bom, fala com ele, e uma amizade se inicia."

O desfecho: A situação está resolvida e os problemas foram solucionados. "Foi assim que você e Mark se tornaram amigos, e ele é seu melhor amigo até hoje."

· · · · · · · · · · · · · · · · · · ·

13 NORRIS, D. **Storytelling na prática**: 10 regras simples para contar uma boa história. Rio de Janeiro: UBK Publishing House, 2019.

QUANDO COLOCADO EM PRÁTICA, O MODELO DA JORNADA DO HERÓI LEVA O LEITOR A SE CONECTAR MAIS FACILMENTE À HISTÓRIA.

Shana Wajntraub

A ARTE DA COMUNICAÇÃO DE IMPACTO

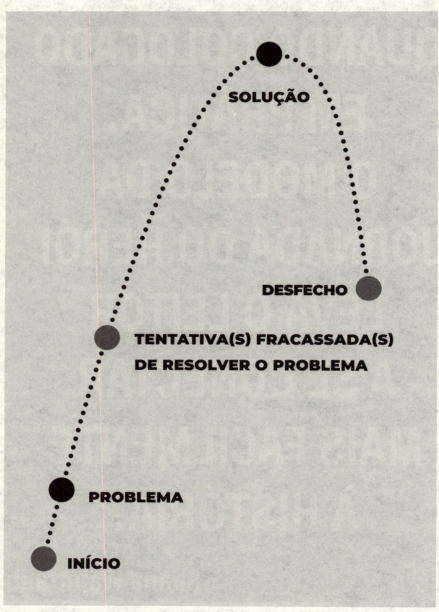

Fonte: NORRIS, D. op. cit.

VOZ, FALA E CONTEÚDO

STORY SPINE

A "espinha dorsal da história", ou *story spine*, criada e popularizada por Kenn Adams, é uma estrutura clássica de narrativa. É usada em muitos filmes e animações famosas. Se você não conhece esse modelo ainda, é difícil identificá-lo, mas está ali alicerçando a narrativa. A Pixar, em especial, usa bastante essa estrutura para produzir muitos dos filmes hollywoodianos que conhecemos e amamos.

Mary Coleman, chefe do setor de desenvolvimento criativo da Pixar, afirma que a estrutura de uma história pode ser vista como a fundação de um prédio. Caso você não tenha essa fundação sólida, quando começar a subir paredes, pilares e outros detalhes, o prédio pode vir abaixo. Essa espinha é formada da seguinte maneira:

1. Era uma vez;
2. Todos os dias;
3. Até que um dia;
4. Por causa disso;
5. Por causa disso;
6. Por causa disso;
7. Até que finalmente;
8. E desde então.

Às vezes, o processo é resumido em seis ou sete passos, tirando um ou dois "por causa disso". Vamos agora explicar cada bloco:

Era uma vez. Você não precisa usar exatamente essas palavras, mas essa abertura nos lembra de nossa primeira responsabilidade como *storytellers*: apresentar personagens e cenários – ou seja, inserir a história no tempo e no espaço.

Todos os dias. Uma vez que os personagens e o cenário foram estabelecidos, é hora de começar a contar ao leitor como é a vida nesse mundo todos os dias.

Até que um dia. Algo que desequilibra o mundo do personagem principal acontece, forçando-o a fazer algo, mudar, alcançar um patamar que restaure o antigo equilíbrio ou estabeleça um novo.

E por causa disso. Seu personagem principal começa a busca de seu objetivo. Em termos estruturais, esse é o começo do ato II, o corpo principal da história.

E por causa disso. Se houver, aqui se estabelece algo que surge em decorrência do bloco anterior.

Até que finalmente. Entramos no ato III e abordamos o momento da verdade da história. Aqui é onde temos o desfecho, a resolução, a conclusão da narrativa.

E desde aquele dia. Depois que sabemos o que aconteceu, é dito o que a história significa para o protagonista, para outros na narrativa e, não menos importante, para o público.

CONFLITO *VERSUS* SOLUÇÃO

Você deve ter reparado que, independentemente da estrutura escolhida para criar um storytelling, todas mostram personagens resolvendo problemas ou superando dificuldades. Isso é chamado de conflito. Esse elemento literário importante da estrutura narrativa ou dramática cria desafios em uma história, adicionando incerteza acerca de se o objetivo será alcançado.

O conflito foi descrito pela primeira vez na literatura grega antiga como o *agon*, ou disputa central na tragédia. Segundo Aristóteles, para manter o interesse, o herói deve ter um único conflito.

VOZ, FALA E CONTEÚDO

O *agon*, ou ato de conflito, envolve o protagonista (o "primeiro lutador") e o antagonista (um termo mais recente), correspondendo ao herói e ao vilão. O resultado do conflito não pode ser conhecido antecipadamente e, de acordo com críticos posteriores, como Plutarco, a luta do herói deve ser enobrecedora.

Mesmo na literatura moderna não dramática, os críticos observaram que o *agon* é a unidade central da trama. E quanto mais difícil é para o protagonista triunfar, maior é o valor do drama. Tanto nos conflitos internos quanto nos externos, o antagonista deve agir sobre o protagonista e parecer, a princípio, superá-lo.

Por que, porém, uma boa história deve conter conflito?

Primeiro, quando vemos personagens em uma história com desafios e barreiras, com pessoas que discordam deles, discutem ou brigam – ou com questões complexas para resolver ou superar –, isso se torna emocionalmente estimulante.

Segundo, em nosso dia a dia, muitas vezes, precisamos "engolir sapos" – ou mesmo enfrentar guerras e tempestades sem questionar muito –, mas os personagens podem dar voz a coisas que desejamos ter a oportunidade e a coragem de "colocar para fora", além de mostrarem como algo pode ser vencido, apesar do alto grau de dificuldade.

Terceiro, os personagens não entram em conflito, a menos que haja algo importante em jogo. É sempre algo valioso – como honra, um grande amor, dignidade, liberdade etc. – sendo defendido ou perseguido. Por isso, não caia no erro de criar um conflito banal, fraco e inútil.

Outro ponto é que conflitos envolvem uma trama básica da vida humana: alguém que necessita ou deseja muito uma coisa lutará por ela até o fim. Também temos o fato de que conflito é uma batalha de vontades e sempre existem perguntas como "Quem vencerá?" ou "Como vencerá?", que tendem a criar um cenário intrigante.

Por fim, o conflito é emocional. Quando os personagens estão envolvidos em uma luta, isso não é mero exercício de lógica, mas desperta sentimentos. Isso pode ser altamente eficaz em uma apresentação. Desse modo, pense: "Que tipo de conflito posso trabalhar em minha apresentação? Como posso chegar à resolução desse conflito? E que lição podemos tirar disso?".

QUE TIPO DE HISTÓRIA CONTAR?

Não existe regra ou padrão. A narrativa moderna apresenta um amplo leque: contos de fadas, contos populares, mitologia, lendas, fábulas etc.; também podem entrar em cena a narrativa pessoal, o comentário político e elementos culturais diversos.

Em muitos casos, uma simples narrativa sobre um desafio no trânsito ou o relato de uma situação que contenha informações e vivências de grupos, sejam eles antigos ou mais atuais, pode funcionar.

De qualquer modo, tenha repertório, isto é, colecione histórias. Esse hábito forma o alicerce da habilidade com storytelling. Mantenha-se aberto às narrativas presentes em livros, crônicas, blogs, posts, filmes, séries. Todo bom contador de histórias tem um repertório de narrativas internalizadas ou mesmo catalogadas para treinar sua capacidade de contá-las e usar elementos que absorveu ao longo do caminho.

No entanto, ser apenas consumidor de histórias não é o bastante, considerando que você tem um propósito profissional: comunicar-se melhor em apresentações. Assim, precisa ir

VOZ, FALA E CONTEÚDO

além e passar a externalizar suas narrativas, exercitando-se com frequência.

Para isso, existem dois caminhos:

Primeiro, treinar consigo mesmo, transformando experiências em narrativas ou reinterpretando histórias do seu jeito. Nesse caso, não é preciso divulgar, basta treinar em frente a um espelho ou filmar a si mesmo enquanto narra.

Segundo, treinar em público, usando canais como redes sociais, e-mails, blogs, vídeos ou páginas da web para exercitar a narrativa aos olhos do público. Essa é uma bela chance de testar elementos e perceber como as pessoas reagem à sua escrita.

Agora, para finalizar esse assunto, nada melhor que fechar com mais duas citações incríveis:

"Se eu puder recomendar uma narrativa a você por qualquer motivo, seria a que lhe ajudará a perceber que as coisas maiores, mais assustadoras, mais dolorosas ou arrependidas da sua cabeça ficam pequenas e superáveis quando você as compartilha com duas, três, vinte ou três mil pessoas."

"Contar histórias sobre sua vida permite que as pessoas saibam que não estão sozinhas; e permite que algumas das pessoas mais próximas a você – como a família e os entes queridos – vejam sua vida separada do contexto familiar e sem o tipo de retrospectiva revisionista em que às vezes podemos cair no que diz respeito às pessoas que mais amamos."

Dan Kennedy, apresentador do podcast *The Moth*.

A ARTE DA COMUNICAÇÃO DE IMPACTO

OITO PECADOS DO STORYTELLING

Pecado	Redenção
Avareza: Contar uma história só por contar.	A autenticidade nos conecta com o outro.
Preguiça: Delegar a tarefa de narrar.	Tornar-se protagonista da história.
Ira: Contar história sem plano.	Ter sempre um objetivo com a história.
Soberba: Pensar na divulgação antes da história.	Ter foco na narrativa e entender a lógica do storytelling.
Gula: Quantidade de informações além do necessário.	Separar os elementos que não podem faltar na história; ter uma linha mestra.
Luxúria: Fórmulas fáceis sem valor narrativo.	Entender os diferentes caminhos do storytelling e adequar à história.
Vaidade: Preocupar-se mais com a narrativa do que com a história.	Equilíbrio entre *story* e *telling*.
Mentira: Confundir conceitos de ficção e mentira.	Ter como princípio a honestidade e a sinceridade. Saber unir a realidade com o universo ficcional.

Fonte: PALACIOS, F.; TERENZZO, M. **O guia completo do storytelling.** Rio de Janeiro: Alta Books, 2016.

STORYTELLING É A ARTE DE SER RELEVANTE, TENDO EM VISTA O SEU OBJETIVO E O INTERESSE DO SEU PÚBLICO.

Shana Wajntraub

VOZ E EXPRESSÃO

Profª. dra. Leny Kyrillos com participação de dra. Eduarda Cunha

Por meio da nossa voz, transmitimos nossa história e quem somos. Segundo a fonoaudióloga dra. Eduarda Cunha, a voz e a personalidade estão intimamente ligadas, uma vez que a voz é uma das principais ferramentas que usamos para expressar nossas emoções, nossa personalidade e nos comunicar com os outros. A voz humana é única, faz parte da identidade do indivíduo e pode transmitir uma diversidade de emoções e intenções, e também pode revelar aspectos específicos sobre nós.

A voz é parte dos sinais que emitimos. A fala, de maneira mais ampla, é parte fundamental do impacto na nossa comunicação, refere-se ao uso da linguagem verbal para se comunicar com outras pessoas.

A voz é produzida quando o ar dos pulmões passa pelas pregas vocais, que são estruturas localizadas na laringe, fazendo-as vibrar. O som ali produzido é modificado, amplificado pelos articuladores e pela ressonância.

Cada um de nós modifica esse som conforme diversos fatores anatômicos, fisiológicos e comportamentais, psicológicos e socioculturais.

Essas dimensões são tão particulares para cada um de nós, que não existe uma voz igual à outra; ela é tão única quanto a nossa impressão digital.[14]

A voz é uma das projeções mais fortes de nós mesmos, demonstração clara de quem nós somos, de como pensamos,

....

14 KYRILLOS, L.; SARDENBERG, C. **Voz e comunicação**: técnicas para falar melhor. Rio de Janeiro: Sextante, 2019.

VOZ, FALA E CONTEÚDO

de como lidamos com as diferentes situações, do momento emocional que vivemos; ela nos "escancara" para o mundo, expondo nossas emoções e nosso estado de humor, nossa reação aos eventos, todo o nosso envolvimento. Nossa voz é única, grande sinal de nossa individualidade.

Qual a impressão que sua voz transmite ao outro? Nosso sucesso ou insucesso em nossas relações, em nossas conquistas, têm muito a ver com esse impacto. Por isso é tão importante observar quais são os sinais que emitimos e os resultados que obtemos. Eles sempre são diretamente proporcionais!

Dentre os aspectos relacionados à voz que influenciam nossa comunicação, podemos chamar a atenção para:

Tom de voz: ele pode variar de grave a agudo e pode ser suave, áspero ou melódico. Segundo especialistas, pode indicar a idade, o gênero e até mesmo o estado emocional de uma pessoa, e é frequentemente usado para expressar emoções como alegria, tristeza, raiva ou medo. Não existe um tom perfeito para comunicação, e sim um tom de voz adequado ao contexto que pode transmitir segurança, autoridade e emoção, dependendo do objetivo da comunicação. No entanto, alguns estudos sugerem que um tom de voz mais grave e estável pode transmitir maior credibilidade. Em um estudo publicado no periódico *PLOS ONE* em 2013, pesquisadores examinaram a relação entre o tom de voz e a percepção de competência, força e idade em líderes políticos, e descobriram que um tom de voz mais grave estava associado a uma maior percepção de competência. Além disso, eles descobriram que essas percepções influenciavam a preferência dos eleitores pelos líderes políticos. Note que o tom de voz ideal pode variar de acordo com o contexto da comunicação e o público-alvo. Em algumas situações, um tom de voz mais entusiasmado e variado pode ser mais apropriado. Portanto, é importante adequar o tom à situação de comunicação, sempre de modo natural e verdadeiro.

Volume e velocidade adequados: uma voz que é muito alta ou muito baixa, rápida ou lenta demais pode prejudicar a compreensão e transmitir uma informação errada. O volume da voz de uma pessoa pode refletir sua personalidade e suas emoções. Por exemplo, uma pessoa extrovertida e assertiva pode ter uma voz mais alta, enquanto uma pessoa introvertida e tímida pode ter uma intensidade mais baixa. O volume também pode ser usado para expressar emoções como raiva, excitação ou tristeza. Alguém que fala rapidamente pode ser percebido como ansioso ou nervoso, enquanto alguém que fala devagar pode ser visto como calmo, relaxado ou pensativo.

Articulação e pronúncia: uma fala clara e precisa pode facilitar a compreensão e a credibilidade da comunicação.

Ênfase e entonação: uma voz monótona pode transmitir de-sânimo, enquanto uma voz com a variação adequada pode trans-mitir emoção, entusiasmo e interesse. Uma pessoa extrovertida pode usar ênfases e entonações variadas para expressar emoção e envolver os ouvintes, enquanto uma pessoa mais reservada e introvertida pode ter uma entonação mais monótona e menos variação na ênfase das palavras.

Um bom comunicador destaca uma palavra ou frase específica para transmitir uma ideia com mais clareza ou emoção. A ênfase pode ser usada para enfatizar a importância de uma ideia, destacar um ponto-chave, chamar a atenção para uma palavra específica ou adicionar emoção a uma mensagem. Usar a ênfase pode ajudar a evitar mal-entendidos ou confusão em situações de comunicação nas quais a clareza é essencial. No entanto, é importante usar a ênfase com moderação e de maneira adequada. É possível enfati-zar por meio da mudança do tom de voz, do volume para destacar a emoção ou o significado, prolongar mais a sílaba ou a palavra,

VOZ, FALA E CONTEÚDO

e/ou usar a pausa ou o silêncio para enfatizar um ponto e permitir que a mensagem seja absorvida pelo público.

Quando nos comunicamos, construímos percepção. Esse fato é extremamente importante por três razões. Primeiro, porque é muito rápido. É nos primeiros segundos de contato que o outro é impactado e gosta ou desgosta, confia ou desconfia. Segundo, é algo que ocorre de modo absolutamente inconsciente. Terceiro, assim que construímos percepção, geramos uma reação em nosso interlocutor. Chamamos esse processo de expressividade. E ele é o resultado do uso de recursos verbais e não verbais.

Ao falarmos, a voz impacta grandemente, estando de acordo com a imagem... Ou não! Quando há concordância, o outro reforça a impressão que teve. Quando há discrepância, ou seja, uma voz muito diferente do que se imagina associada àquela imagem, gera muito estranhamento.[15]

Use sua voz, ela é uma ferramenta poderosa que nos permite conectar, expressar nossa personalidade e nos comunicar com os outros. A maneira como a usamos, incluindo tom, volume, velocidade, ênfase, entonação e linguagem corporal, pode influenciar a maneira como somos percebidos pelos outros.

A comunicação efetiva gera conexão imediata com o interlocutor, aproxima e predispõe à colaboração. É por meio dela que encurtamos distâncias, produzimos uma postura de abertura em relação às nossas ideias e motivamos o outro a colaborar conosco, com nosso propósito. Nosso padrão de comunicação permite que nos tornemos uma "marca própria"! É muito importante que as pessoas nos vejam ou se lembrem de nós de determinada maneira, associando características que nos definem. Para isso, é essencial que identifiquemos quais são

....
15 BEHLAU, M. (org.). **Voz**: o livro do especialista. Rio de Janeiro: Revinter, 1995.

os nossos pontos fortes, aqueles que nos representam. A partir daí, vale o cuidado de aproveitar oportunidades para colocá-los em evidência, marcando nossas atitudes e gerando percepção de quem nós somos, de como pensamos e de como as pessoas nos veem. Quando há coerência entre esses três itens, criamos efetivamente a nossa marca própria, o nosso estilo pessoal. E a nossa comunicação efetiva é o maior instrumento para nos revelar ao mundo!

O mundo digital trouxe a capacidade de atingir um número muito maior de pessoas, em diferentes lugares, muito mais rapidamente! Essa característica dos tempos modernos aumenta a responsabilidade sobre como nos posicionamos em relação aos diferentes aspectos da vida, seja presencial ou virtual. Nossa reputação será sempre o resultado da soma das nossas atitudes, e devemos revelar coerência e harmonia.

Nesse contexto, devemos buscar ser relevantes e desenvolver a capacidade de influenciar pessoas. Para ser relevante, é fundamental ter a meta de se desenvolver continuamente. Quando temos algo a oferecer, quando nos aprimoramos continuamente, podemos contribuir com o outro e, assim, seremos necessários, importantes, relevantes! Para ter o poder de influenciar pessoas, precisamos, em primeiro lugar, demonstrar interesse genuíno pelo outro. Precisamos ter a clareza de quem é o outro, do que ele necessita, quais são suas demandas, seus interesses e suas necessidades. Precisamos, na nossa comunicação, deixar bem claro como aquilo que dizemos pode beneficiar o interlocutor. Precisamos traduzir nossos conceitos de maneira a atingir o outro com clareza e simplicidade. A grande busca, segundo Sheryl Sandberg, CEO do Facebook, é desenvolver uma tal de "assertividade generosa": falar de modo claro, direto e simples, com real afetividade e desejo genuíno de ser útil.

VOZ, FALA E CONTEÚDO

Outra busca fundamental é nos conectarmos com as pessoas de maneira genuína.

A conexão com o outro é contagiosa, assim como a comunicação. Quando demonstramos interesse claro de nos aproximar, o outro reage, conectando-se a nós. Tem a ver com a harmonia e a coerência entre os três grupos de recursos qu compõem a expressividade: os verbais, por meio de palavras que expressem nossa emoção por estarmos juntos; os não verbais, representados pela postura aberta de comunicação, com o olhar direcionado para o outro, com gestos naturais e acolhedores, com o tronco inclinado e a expressão facial leve e sorridente; e os vocais, por meio do tom amistoso, das pausas nos lugares certos, das ênfases, da voz suave que envolve o outro como um "abraço sonoro". Emoção demonstrada gera conexão imediata.

Vivemos em um mundo cada vez mais rico em informações, com acesso fácil a muitos estímulos que competem pela nossa atenção. Um dos desafios é fazer com que aquilo que dizemos se sobressaia, atingindo o outro de modo fácil, garantindo o alcance por meio da simplicidade de nossas elaborações. Outro desafio importante mostrar o nosso diferencial. O que temos de especial? O que nos destaca em nosso meio?

Finalmente, a grande busca pelo entendimento mútuo. Em uma era em que as pessoas expressam claramente suas opiniões sobre todos os temas, em que a grande tendência é nos fecharmos para o ponto de vista do outro, vale a pena ousar a abertura de ideias, a cabeça disposta a acolher a opinião diversa, avaliar e só aí descartar ou então incorporar!

Precisamos nos adaptar a um mundo que já é multiplataforma. Temos hoje várias maneiras de nos expor, de impactar e de sermos impactados. Falamos presencialmente, por meio de videoconferências, teleconferências, podcasts, *lives*... Expressamos,

A ARTE DA COMUNICAÇÃO DE IMPACTO

por meio da escrita e de seus diferentes recursos tecnológicos, o que queremos, quem somos, o que fazemos, por que fazemos. Só nos resta nos aprimorar e nos desenvolver para atuarmos de maneira adequada e eficiente em todos esses meios.

Para esse grande desafio, temos que ser verdadeiros. Desenvolver nosso autoconhecimento, identificar nossa essência, aquilo que nos representa e nos motiva, é fundamental para nos colocarmos em nossos contatos, virtuais ou presenciais, de maneira genuína e humana. Conseguimos nos conectar efetivamente quando nossa verdade é transparente, quando somos coerentes e nos colocamos intencionalmente a serviço do outro.

Que a boa comunicação seja a ponte para muitas realizações saudáveis!

A VOZ É UMA FREQUÊNCIA. O QUE A SUA TRANSMITE?

Shana Wajntraub

A ARTE DA COMUNICAÇÃO DE IMPACTO

Checklist da apresentação assertiva

Antes:

- Estude bem o conteúdo.
- Escreva o roteiro e o discurso previamente.
- Ensaie em frente ao espelho e grave utilizando o celular.
- Pratique com alguém de sua confiança.
- Estude o perfil da pessoa que irá participar da reunião com você.

No dia:

- Confirme o tempo disponível da plateia antes de iniciar.;
- Fique atento às expressões faciais e corporais dos presentes.
- Antes de iniciar a reunião, confirme o que o outro deseja realmente saber.
- Confirme quanto tempo você tem para se apresentar.
- Utilize a respiração para controlar o nervosismo.
- Evite vícios de linguagem.
- Adeque o discurso ao público-alvo.
- Fale com entusiasmo.
- Seja simples e objetivo.

VOZ, FALA E CONTEÚDO

Atividade para uso efetivo de histórias

Escolha uma experiência pessoal significativa e escreva uma história curta sobre ela. Certifique-se de incluir elementos como contexto, personagens, conflito e resolução. Depois de escrever a história, leia-a em voz alta para si mesmo ou para um amigo próximo. Observe como a história envolve o ouvinte e tente identificar os pontos fortes e as áreas que podem ser melhoradas.

Você também pode gravar um vídeo de um a dois minutos e me enviar para que eu possa avaliar o andamento do seu storytelling.

7

FAÇA SUA AVALIAÇÃO

Agora que passamos por todos os pontos da Roda do Diagnóstico®, você pode fazer sua autoavaliação. Lembrando que você pode escolher notas de 0 a 10 para cada ponto. A nota máxima indica que está muito bem naquela característica/habilidade. Já pontuações de 6 para baixo são itens que requerem atenção.

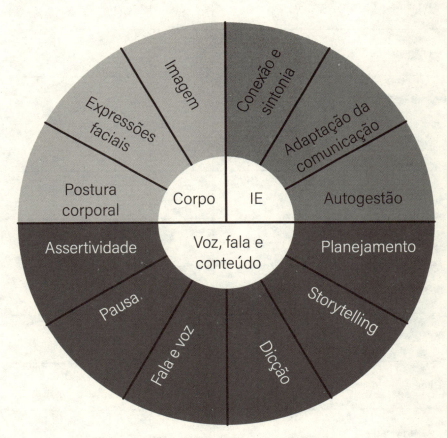

RODA DO DIAGNÓSTICO®
FONTE: SHANA WAJNTRAUB

A ARTE DA COMUNICAÇÃO DE IMPACTO

Ponto	Nota
Conexão e sintonia	
Autogestão emocional	
Adaptação da comunicação	
Imagem	
Expressões faciais	
Postura corporal	
Planejamento estratégico	
Storytelling	
Dicção	
Fala e voz	
Pausa	
Assertividade	

FAÇA SUA AVALIAÇÃO

Daqui pra frente tudo pode ser diferente, só depende de você querer mudar e acreditar que está em constante transformação. Todos nós estamos e, obviamente, me incluo aqui. Portanto, não deixe de lado tudo o que aprendeu neste livro. Treine, treine e treine. Não é milagre e, sim, um processo de evolução. Neste caminho, procure suporte, pessoas e você está mais do que convidado(a) a participar dos nossos cursos com muita prática e apoio da nossa equipe. Fique à vontade para compartilhar seus anseios, progressos e ideias comigo por meio dos meus canais. Será um prazer acompanhar o seu sucesso!.

A ARTE DA COMUNICAÇÃO DE IMPACTO

Checklist da comunicação de impacto

Sobre a inteligência emocional:

- Gere conexão e sintonia com o público-alvo.
- Adapte sua comunicação de acordo com o contexto e o público.
- Desenvolva sua autogestão.

Sobre o corpo:

- Cuide de sua imagem e cause boa impressão.
- Comunique-se por meio das expressões faciais.
- Trabalhe sua postura corporal.

Sobre voz, fala e conteúdo:

- Não menospreze o planejamento estratégico.
- Amplie o poder de seus discursos por meio do storytelling.
- Desenvolva sua fala e voz trabalhando dicção e pausa.
- Comunique-se com assertividade.

Atividade

Conte a sua história de vida em cinco minutos, três e um minuto. Se possível, grave para assistir posteriormente. Este é um exercício que realizo nos meus treinamentos. Você vai perceber que é um nível avançado, porém, imagino que, neste momento do livro, você já está apto a realizar com maestria. Faça esta atividade três vezes por semana. Em dois meses, acredito que você terá melhorado substancialmente a sua assertividade e a atratividade.

TREINE, TREINE, TREINE. AS HISTÓRIAS FICAM MELHOR COM O TEMPO E ESFORÇO, PRATIQUE ATÉ SE TRANSFORMAR.

Shana Wajntraub

PARTE 3

O SHOW DEVE CONTINUAR

8

A CADA DIA, UM NOVO DESAFIO

> "É sempre a sua vez de fazer a próxima jogada."
>
> Napoleon Hill

Março de 2020. O celular não parava de tocar por vários dias. As ligações eram de clientes cancelando treinamentos presenciais que haviam sido contratados meses antes. O motivo? A pandemia de covid-19. Esses eventos faziam parte de um dos maiores projetos da minha empresa de treinamento. Representavam uma trilha com centenas de pessoas que seriam impactadas pela nossa equipe e teriam a chance de se desenvolverem.

Apesar do baque, foi compreensível. Naquele momento, ninguém sabia direito o que fazer. Cheguei a pegar o telefone e ligar para pessoas de confiança, mas elas também não sabiam como reagir diante do imponderável. Então, em meio a esse contexto, eu tinha duas opções: paralisar ou continuar.

A primeira foi logo descartada.

"Não é o mais forte que sobrevive, nem o mais inteligente, mas o que melhor se adapta às mudanças", diz a famosa frase.[16] Com essa ideia em mente, rapidamente me adaptei e migrei todo o meu conteúdo de treinamentos presenciais para o contexto on-line. Além disso, criei novos projetos voltados para a realidade e a necessidade do momento.

As coisas foram se encaixando, mas tínhamos um desafio pela frente...

---

16 Frase atribuída a Leon C. Megginson, professor da Louisiana State University, em discurso de 1963 sobre a origem das espécies.

A ARTE DA COMUNICAÇÃO DE IMPACTO

A cultura brasileira, principalmente a corporativa, ainda era muito resistente a treinamentos on-line. Então, o trabalho era fazer as pessoas desejarem receber conteúdo através de teleconferências.

Em seguida, outro dilema: como manter o sucesso dos treinamentos presenciais no formato em rede? Bem, fomos para o campo.

Alinhamos tudo com a equipe e começamos as primeiras aulas. Na prática, entrei na sala de transmissão e ela estava lotada. Ou seja, tinha público. Perfeito se não fosse por outro detalhe: poucas pessoas estavam dispostas a abrir as câmeras e interagir comigo. O lema que eu havia adotado fez sentido novamente, e não restou outra escolha a não ser me adaptar ao ambiente.

Chamar a atenção dos participantes foi o grande desafio. Se nos treinamentos presenciais eu precisava fazer algo diferente a cada sete minutos para manter a atenção do público, no formato on-line seria necessário fazer isso a cada dois minutos. Afinal, no virtual, um palestrante tem concorrentes diferentes do presencial: redes sociais, abas de *marketplaces* abertos, aplicativos de mensagens em uso e toda a abundância de distração que a internet pode oferecer.

Nesse caso, não se trata apenas de falar bem e ter uma fala impactante, mas de criar sintonia com o público. Graças à minha experiência e capacidade de adaptação, o resultado foi positivo: interação em tempo real, perguntas no chat, participação ativa e muitos feedbacks positivos. Eu acabava de passar de nível.

Vale destacar que, antes disso, testei primeiro com a turma de um amigo que era líder de uma equipe de vendas. Foi uma via de mão dupla, fiz tanto para ajudá-lo, como cortesia, quanto para pegar feedbacks ao fim da apresentação. Isso me ajudou a melhorar a entrega. Aliás, fiz muita entrega gratuita durante a pandemia de covid-19, pois as pessoas precisavam e não

A CADA DIA, UM NOVO DESAFIO

podiam investir naquele momento. Esse é um ensinamento à parte. Napoleon Hill declarou: "É literalmente verdade que você consegue ter sucesso melhor e mais rápido ajudando os outros a prosperarem". Seguindo esse princípio, eu me tornava também especialista em treinamentos on-line.

Algo que observei ao longo da carreira e, mais uma vez, pude comprovar naquele momento foi que **não importa o formato, as pessoas desejam aprender o conteúdo, porque entendem o poder de transformação que há nisso**. É algo que parece nunca mudar. O que motivava os homens a irem aos ginásios gregos para aprender literatura, filosofia e música é a mesma coisa que faz as pessoas participarem de teleconferências hoje: elas buscam ser melhores.

Para elucidar o que acabei de afirmar, vamos viajar no tempo até 1935[17]...

Era uma noite fria de janeiro. Ignorando o clima congelante, 2.500 pessoas estavam reunidas no grande salão de baile do Hotel Pensilvânia, em Nova York. Às 7h30, já não restava uma cadeira vazia. Às 8h, ainda entravam alguns apressados como se quisessem evitar perder a saída do metrô. Mesmo para ficar em pé, os lugares eram disputados.

Essas pessoas não estavam ali para assistir a uma peça de teatro, uma apresentação de circo ou ouvir um concerto de música clássica. Nem mesmo esperavam participar de um leilão, acompanhar uma votação importante ou um desfile de modas. Elas estavam ali para aprender.

As milhares de pessoas ali, sedentas por conhecimento, foram atraídas por um simples anúncio de jornal. Dois dias antes,

. . . .
17 CARNEGIE, D. **Como fazer amigos e influenciar pessoas**. São Paulo: Companhia Editora Nacional, 2012.

A ARTE DA COMUNICAÇÃO DE IMPACTO

quando compraram o *The New York Sun*, depararam-se com um texto de página inteira que continha promessa excitante: "Aprenda a falar de modo eficaz e prepare-se para liderar".

Um detalhe da história não pode ser ocultado: na época, o país enfrentava uma das mais intensas crises econômicas da história. Por causa disso, 20% da população estava recebendo auxílio dos cofres públicos e, ainda assim, aquele tanto de pessoas atenderam ao anúncio e pagaram para estar ali. No centro de tudo, estava Dale Carnegie, importante orador que viria a se tornar um dos gurus do desenvolvimento pessoal.

Seu público naquela noite era formado em grande parte por pessoas da alta sociedade – líderes, gerentes e funcionários. Empresários, executivos, advogados, bancários, comerciantes... todos foram ouvir Carnegie falar sobre como fazer amigos e influenciar pessoas.

Por que aqueles homens e aquelas mulheres – que haviam deixado os estudos dez ou vinte anos antes – decidiram fazer o treinamento? O que fez com que considerassem o anúncio interessante? Por que disputavam os lugares como se estivessem em uma liquidação de *Black Friday?*

A Universidade de Chicago, a Associação Americana para Educação dos Adultos e as Escolas da A.C.M. parecem ter a resposta. Eles realizaram um estudo que durou dois anos que revelou o desejo de grande parte daquelas pessoas. O primeiro interesse dos cidadãos adultos da época era ter saúde, ou seja, queriam ficar longe de doenças e se sentir em pleno vigor para alcançar seus objetivos pessoais e profissionais.

O segundo interesse – mostrou a pesquisa – tinha a ver com a vontade daquelas pessoas de desenvolver relações humanas. Sendo mais específica, adultos inteligentes queriam a técnica para enriquecer e influenciar pessoas. Não desejavam

A CADA DIA, UM NOVO DESAFIO

necessariamente ser famosos ou ouvir palestras motivacionais que só emocionam. Queriam a prática para conseguir o *"sim"* das pessoas nos contatos comerciais, sociais e no lar.

Em mais de oitenta anos, muita coisa mudou. Passamos por grandes guerras, notórias descobertas, invenções como a televisão, o aperfeiçoamento do automóvel, viagens à lua, criação da internet, desenvolvimento do celular, a informação ficou a dois cliques de distância... Mas algo não mudou: a busca humana pelo progresso constante e pelo poder de influenciar os outros.

É isso que continua lotando auditórios e salas de teleconferência hoje. Como a jornada natural de quem decide se desafiar e crescer, na vida e na carreira, é sair da plateia e subir ao palco, a comunicação eficaz torna-se essencial. Você já deve ter percebido que estou aqui dando a você o que Carnegie deu aos líderes reunidos no Hotel Pensilvânia: a oportunidade de aprender a falar com eficácia e se preparar para liderar.

Atividade para comunicação inspiradora

Pesquise um discurso inspirador de um líder ou visionário que você admire. Assista ao discurso e anote as técnicas de comunicação que o orador utiliza para inspirar e motivar o público. Identifique elementos como storytelling, linguagem emocional, uso de metáforas e recursos retóricos. Em seguida, escolha uma situação em sua vida em que você gostaria de inspirar e motivar os outros e aplique algumas dessas técnicas em um discurso ou apresentação.

9

O FUTURO
É SEU

A pesquisa "The Future of Talent", desenvolvida pelo Chartered Accountants Australia and New Zealand em parceria com a PWC, feita com líderes empresariais australianos, mostrou que a comunicação é o "ativo mais importante para profissionais em potencial".

Independentemente da área e do nível em que você está em sua empresa e da carreira que tenha decidido seguir, ser um comunicador habilidoso aumentará consideravelmente sua credibilidade e reputação.

A comunicação eficaz melhora o sucesso profissional. E, à medida que você cresce profissionalmente, a capacidade de se comunicar bem se torna fundamental para a sustentabilidade desse progresso. Algumas maneiras pelas quais a comunicação eficaz pode melhorar o sucesso profissional incluem:

1. Estabelecer relações positivas: a comunicação eficaz pode ajudar a estabelecer relações positivas com colegas de trabalho, clientes atuais e potenciais. Isso pode levar a um ambiente de trabalho mais colaborativo e produtivo e aumentar as chances de sucesso em projetos e negociações.

2. Facilitar a resolução de conflitos: a comunicação eficaz pode ajudar a evitar e a resolver conflitos de maneira mais rápida e eficiente. Isso pode ajudar a manter a harmonia no ambiente de trabalho e a melhorar a produtividade.

3. Melhorar a tomada de decisões: a comunicação eficaz pode ajudar a obter informações relevantes para tomar decisões conscientes e fundamentadas. Isso pode levar a decisões mais precisas e bem-sucedidas em projetos e negociações.

4. Melhorar a imagem profissional: a comunicação eficaz pode ajudar a criar uma imagem profissional positiva, que é um fator importante para o sucesso em muitas áreas. Uma imagem profissional positiva pode ajudar a construir

A ARTE DA COMUNICAÇÃO DE IMPACTO

relacionamentos profissionais duradouros e abrir oportunidades para progressão na carreira.

5. Aumentar a eficácia da liderança: A comunicação eficaz é um fator-chave para a boa liderança. A capacidade de se comunicar claramente e inspirar confiança nos outros pode ajudar a liderar equipes e a alcançar objetivos de negócios.

6. Aumentar a eficiência e a produtividade: a comunicação eficaz pode ajudar a evitar mal-entendidos e atrasos em projetos, aumentando a eficiência e a produtividade. Quando todos os membros da equipe estão cientes dos objetivos, prazos e tarefas, eles podem trabalhar juntos de maneira mais coordenada e atingir metas com mais rapidez.

7. Melhorar as habilidades de vendas: a comunicação eficaz é fundamental para o sucesso em vendas. Vendedores que são capazes de se comunicar de modo claro e persuasivo podem apresentar seus produtos ou serviços de maneira mais convincente e fechar mais negócios.

8. Fortalecer as habilidades de negociação: a comunicação eficaz é um componente essencial de habilidades de negociação bem-sucedidas. Negociadores que são capazes de se comunicar de modo claro, ouvir atentamente e articular seus objetivos de maneira persuasiva estão em uma posição melhor para alcançar acordos mutuamente benéficos.

9. Aumentar a satisfação do cliente: a comunicação eficaz é fundamental para a satisfação do cliente. Os clientes querem se sentir ouvidos e compreendidos, e uma comunicação eficaz pode ajudar a atender às suas necessidades e expectativas, fortalecendo a fidelidade à marca.

10. Aumentar as oportunidades de carreira: a comunicação eficaz pode ajudar a aumentar as oportunidades

À MEDIDA QUE
VOCÊ CRESCE
PROFISSIONALMENTE,
A CAPACIDADE DE SE
COMUNICAR
BEM SE TORNA
FUNDAMENTAL PARA A
SUSTENTABILIDADE
DESSE PROGRESSO.

Shana Wajntraub

de carreira, pois as pessoas que se comunicam de maneira clara e objetiva são frequentemente vistas como líderes e colaboradoras valiosas. Isso pode levar a oportunidades de promoção, aumento salarial e progressão na carreira.

Como foi possível ver, comunicar-se bem vai além de escolher as palavras certas e montar uma boa apresentação. Envolve compreender o público, ouvi-lo ativamente, ser capaz de ter empatia e colocar a necessidade do outro em foco. Requer boas habilidades de facilitação, de controle da linguagem corporal, da articulação e entonação da fala, de gerenciamento das emoções, entre outras coisas.

O bom é que agora você conhece a Roda do Diagnóstico®, com todos os fundamentos de uma apresentação de impacto, e pode recorrer a ela sempre que precisar. Claro que é preciso ir além da teoria e praticar tudo o que acabou de aprender (se é que você já não fez isso). O que acontece a partir daqui é o que fará toda a diferença!

Muito obrigada pela leitura!

Shana Wajntraub

SEMPRE EXISTIRÁ ALGUÉM QUE NÃO CONFIA EM VOCÊ. SÓ CUIDE PARA QUE ESSA PESSOA NÃO SEJA VOCÊ MESMA.

Shana Wajntraub

REFERÊNCIAS

ANDERSON, C. **TED Talks**: o guia oficial do TED para falar em público. Rio de Janeiro: Intrínseca, 2016.

BORSATO, C.; GONÇALVES, R.; KOVALICK, R.; KYRILLOS, L. **Seja inesquecível:** acabe com o medo, domine a linguagem corporal e verbal e use a neurociência para expressar ideias e encantar qualquer público. São Paulo: Gente, 2021.

BRADBERRY, T. **Inteligência emocional 2.0**. Rio de Janeiro: Alta Books, 2019.

BROWN, B. **A coragem de ser imperfeito:** como aceitar a própria vulnerabilidade, vencer a vergonha e ousar ser quem você é. Rio de Janeiro: Sextante, 2012.

CAIN, S. **O poder dos quietos:** como os tímidos e introvertidos podem mudar um mundo que não para de falar. Rio de Janeiro: Sextante, 2019.

CARNEGIE, D. **Como fazer amigos e influenciar pessoas**. São Paulo: Companhia Editora Nacional, 2012.

CÍCERO, M. T. **De oratore.** Tradução de José Eduardo Marcondes Machado. São Paulo: Penguin Classics, 2009.

CHESTERTON, G. K. **Orthodoxy**. Londres: John Lane, 1908.

CUDDY, A. **O poder da presença:** como a linguagem corporal pode ajudar você a aumentar sua autoconfiança. Rio de Janeiro: Sextante, 2016.

DISPENZA, J. **Quebrando o hábito de ser você mesmo**: como reconstruir sua mente e criar um novo eu. Porto Alegre: Citadel Editora, 2018.

EAGLY, A. H.; KARAU, S. J. Role congruity theory of prejudice toward female leaders. **Psychological Review**, v. 109, n. 3, p. 573-598, 2002.

FURMARK, T.; TILLIFORS, M.; EVERZ, P.; MARTEINSDOTTIR, I.; GEFVERT, O.; FREDRIKSON, M. Social phobia in the general population: prevalence and sociodemographic profile. **Social Psychiatry and Psychiatric Epidemiology**, v. 34, n. 8, p. 415-424, 1999.

GALLO, C. **Storytelling**: aprenda a contar histórias com Steve Jobs, Papa Francisco, Churchill e outras lendas da liderança. São Paulo: Editora HSM, 2017.

GALLO, C. **TED**: falar, convencer, emocionar. São Paulo: Benvirá, 2013.

GOLEMAN, D. **Inteligência emocional**: a teoria revolucionária que redefine o que é ser inteligente. Rio de Janeiro: Objetiva, 1996.

HILL, N. **A lei do triunfo**: 16 lições práticas para o sucesso. São Paulo: José Olympio, 2014.

KELTNER, D.; BONANNO, G. A. A study of laughter and dissociation: distinct correlates of laughter and smiling during bereavement. **Journal of Personality and Social Psychology**, v. 73, n. 4, p. 687-702, 1997.

KELTNER, D.; EKMAN, P. The science of facial expressions. **Annual Review of Psychology**, v. 66, p. 271-295, 2015.

KLOFSTAD, C. A.; ANDERSON, R. C.; NOWICKI, S. Perceptions of competence, strength, and age influence voters to prefer

REFERÊNCIAS

leaders with lower-pitched voices. **PLOS ONE**, v. 8, n. 1, e81035. 2013.

LEDOUX, J. **O cérebro emocional**: os misteriosos alicerces da vida emocional. Rio de Janeiro: Objetiva, 1998.

MARINHO, A.; MEDEIROS, A.; GAMA, A.; TEIXEIRA, L. Fear of public speaking: perception of college students and correlates. **J Voice**, v. 31, n. 1, p. 127.e7–127.e11, 2017.

MARTINS, V. **Seja assertivo**: como conseguir mais autoconfiança e firmeza na sua vida profissional e pessoal. Rio de Janeiro: Alta Books, 2016.

MAXWELL, J. **A arte de influenciar pessoas**: sozinho não se chega a lugar algum. São Paulo: Mundo Cristão, 2007.

MAXWELL, C. J.; DORNAN, J. **Como tornar-se uma pessoa de influência**. São Paulo: CPAD, 2008.

NORRIS, D. **Storytelling na prática**: 10 regras simples para contar uma boa história. Rio de Janeiro: UBK Publishing House, 2019.

PALACIOS, F.; TERENZZO, M. **O guia completo do storytelling.** Rio de Janeiro: Alta Books, 2016.

PEASE, A.; PEASE, B. **Desvendando os segredos da linguagem corporal**. Rio de Janeiro: Sextante, 2005.

ROSENBERG, M. **Comunicação não violenta**: técnicas para aprimorar relacionamentos pessoais e profissionais. São Paulo: Ágora, 2021.

STOETZEL, K. **Talk like TED:** the 9 public-speaking secrets of the world's top minds. Nova York: St. Martin's Griffin, 2014.

TERENZZO, M. **A era do storytelling:** como contar histórias para engajar e transformar sua audiência. São Paulo: Editora Gente, 2018.

THOMAS, B.; TOBE, J. **O poder da antecipação**: como saber o que seu cliente quer antes dele mesmo. São Paulo: Gente, 2013.

TOFFLER, A. **O choque do futuro**. Rio de Janeiro: Record, 1998.

VOSS, C.; RAZ, T. **Negocie como se sua vida dependesse disso**: um ex-agente do FBI revela as técnicas da agência para convencer as pessoas. Rio de Janeiro: Sextante, 2019.

XAVIER, A. **Storytelling:** histórias que deixam marcas. Rio de Janeiro: Best Business, 2015.

Este livro foi impresso em papel pólen bold 70g pela Gráfica Rettec em agosto de 2023.